فن صناعة الحظ: كيف تخلق فرصك الخاصة وتحقق النجاح في عالم متغير

While every precaution has been taken in the preparation of this book, the publisher assumes no responsibility for errors or omissions, or for damages resulting from the use of the information contained herein.

فن صناعة الحظ : كيف تخلق فرصك الخاصه وتحقق النجاح في عالم متغير

First edition. May 8, 2024.

Copyright © 2024 هادي هانز نخله.

ISBN: 979-8227416308

Written by هادي هانز نخله.

تأليف: هادي هانز نخله

هادي هانز نخله

محتوى الكتاب

مقدمة

الفصل الأول: قوة عقلية النمو

. اكتشاف عقلية النمو

. العقلية الثابتة مقابل عقلية النمو : فهم الاختلافات

. لماذا يحتاج صانعو الحظ إلى عقلية النمو

. استراتيجيات لتطوير عقلية النمو الخاصة بك

الفصل الثاني: فن التكيف

. التكيف في عالم متغير باستمرار

. تطوير العقلية المتكيفة

. تعزيز المرونة العاطفية

. تبني نهج "التكيف السريع"

. تحويل التحديات إلى فرص

الفصل الثالث: تسخير قوة الشبكات

. أهمية العلاقات في عالم اليوم المترابط

. استراتيجيات لبناء علاقات قوية ومتنوعة

. تسخير قوة شبكتك

. أمثلة من العالم الحقيقي على قوة الشبكات

. الشبكات كمفتاح لصنع الحظ

الفصل الرابع: المثابرة الذكية

. القوة المحركة وراء النجاح الدائم

. المثابرة الذكية مقابل المثابرة العمياء: فهم الاختلافات

. استراتيجيات لتعزيز المثابرة الذكية

. أمثلة على المثابرة الذكية في العمل

. تحويل العقبات إلى منصات قفز

الفصل الخامس: تصميم حياتك

. أهمية التصميم المتعمد للحياة

. خلق رؤية ملهمة

. تحديد وتحقيق الأهداف المتوافقة مع رؤيتك

. التنقل في تحولات الحياة الرئيسية

. أن تصبح المهندس المعماري لحياتك

الفصل السادس: الاستفادة من الفشل

. تغيير نظرتنا تجاه الفشل

. تبني عقلية النمو

. تحليل الإخفاقات واستخلاص الدروس

. بناء المرونة في وجه التحديات

. تحويل الفشل إلى وقود للنجاح

الفصل السابع: التركيز على التأثير

. إيجاد المعنى الأعمق في عملنا

. اكتشاف غرضك الفريد

. قوة التعاطف والخدمة

ـ الأمثلة الملهمة للتأثير في العمل
ـ جعل التأثير هو الهدف الأسمى
الخاتمة: تصبح مهندس مصيرك

المقدمه:

قصة نجاح غير متوقعة

في خضم أزمة اقتصادية عالمية، وجدت سارة نفسها عاطلة عن العمل ومثقلة بالديون. بدا كأن حظها قد نفد، وأن أحلامها في بناء حياة مهنية ناجحة قد تحطمت. لكن سارة رفضت الاستسلام. بدلاً من ذلك، قررت أن تأخذ زمام الأمور وتصنع حظها بنفسها.

بدأت سارة بتقييم مهاراتها وشغفها. لطالما استمتعت بالطبخ وترغب في مشاركة وصفاتها مع الآخرين. مع وجود القليل من المال في البنك، بدأت سارة عملاً تجارياً صغيراً عبر الإنترنت لبيع أطباق حلويات الشوكولاتة محلية الصنع. كانت البداية بطيئة، لكنها ظلت مصرة على ذلك.

يوماً بعد يوم، واصلت سارة الابتكار وتحسين منتجاتها. تواصلت مع المدونين وشاركت قصتها على وسائل التواصل الاجتماعي. ببطء ولكن بثبات، بدأت تكتسب اهتماماً وتجذب عملاء مخلصين. في غضون عام، تمكنت من تحويل هوايتها إلى عمل مزدهر، وسداد ديونها، وحتى توظيف موظفين آخرين.

قصة سارة ليست فريدة من نوعها. في جميع أنحاء العالم، هناك أشخاص يتغلبون على الصعاب ويحققون نجاحات غير عادية من خلال صنع فرصهم الخاصة. إنهم لا ينتظرون حدوث الحظ السعيد، بل يخلقون حظهم بأنفسهم من خلال الإصرار والإبداع والعمل الجاد.

في هذا الكتاب، ستتعلم كيف تحذو حذو هؤلاء الصناع الحظ الناجحين. ستكتشف العقليات والاستراتيجيات التي يستخدمونها لتحويل العقبات إلى فرص، والتكيف مع الظروف المتغيرة، وتحقيق أهدافهم في الحياة. سواء كنت تتطلع إلى بدء عمل تجاري جديد، أو تنمية حياتك المهنية، أو ببساطة إحداث تأثير إيجابي في العالم، فإن مبادئ صناعة الحظ ستمكنك من تحقيق ذلك.

فهيا بنا ننطلق في هذه الرحلة معاً، ونكتشف كيف يمكننا جميعاً أن نصبح صناع حظنا. حان الوقت لتأخذ زمام المبادرة وتبدأ في تشكيل مستقبلك ـ ومستقبل العالم من حولك. دعونا نبدأ!

ما هو صناعة الحظ؟

عندما نفكر في الحظ، غالباً ما نتخيله شيئاً غامضاً وغير متوقع ـ فرصة عشوائية أو ضربة حظ. لكن الحقيقة هي أن الحظ نادراً ما يكون عشوائياً تماماً. في كثير من الأحيان، تكون الفرص "المحظوظة" نتيجة للإجراءات والخيارات المتعمدة التي نتخذها.

فكر في الأشخاص الذين تعتبرهم محظوظين ـ ربما زميل حصل على ترقية كبيرة، أو صديق وقع على عميل كبير، أو قريب فاز بجائزة مرموقة. من السهل أن نفترض أن هذه الأشياء الجيدة حدثت لهم بالصدفة. لكن إذا نظرت عن كثب، فعادةً ما تجد أن هناك المزيد مما يبدو للعيان.

الأشخاص "المحظوظون" غالباً ما يكونون أولئك الذين يضعون أنفسهم بشكل استباقي في مواقف تزيد من احتمالية حدوث أشياء جيدة. إنهم يتخذون مخاطر مدروسة، ويستثمرون في علاقاتهم، ويبقون منفتحين على الفرص الجديدة. وعندما لا تسير الأمور على ما يرام، فإنهم يتكيفون ويصرون، ويستخدمون ما تعلموه لزيادة حظهم في المرة القادمة.

بمعنى آخر، إنهم لا يجلسون ويأملون في أن تأتي الأشياء الجيدة إليهم. بدلاً من ذلك، إنهم ينشئون بنشاط الظروف التي تؤدي إلى النتائج المرغوبة. إنهم يصنعون حظهم.

يتبع المفهوم الحديث لصناعة الحظ من مجال علم النفس الإيجابي ودراسات النجاح. وجد الباحثون أن الأفراد الذين يُنظر إليهم على أنهم "محظوظون" يميلون إلى مشاركة بعض السمات والسلوكيات الرئيسية المشتركة:

لديهم عقلية النمو. إنهم يؤمنون بأن قدراتهم يمكن تطويرها من خلال الجهد والمثابرة.

إنهم فضوليون ومنفتحون على الخبرات الجديدة. إنهم يبحثون باستمرار عن فرص للتعلم والنمو.

إنهم شبكيون بارعون. يبنون علاقات استراتيجية ويعرفون كيف يطلبون المساعدة عند الحاجة.

إنهم مرنون. عندما تظهر العقبات، يجدون طرقاً مبتكرة للتكيف والتغلب عليها.

إنهم يركزون على الإمكانيات، وليس القيود. إنهم يتصورون الحلول بدلاً من التركيز على المشاكل.

طوال هذا الكتاب، سنستكشف هذه السمات والاستراتيجيات الأساسية بمزيد من التعمق. ستتعلم كيفية دمجها في حياتك، حتى تتمكن من البدء في جني فوائد صنع حظك الخاص. سواء كنت تسعى إلى النجاح في حياتك المهنية، أو حياتك الشخصية، أو ما بعدها، فإن اتباع مبادئ صناعة الحظ سيضعك على الطريق الصحيح.

فن صناعة الحظ : كيف تخلق فرصك الخاصه وتحقق النجاح في عالم متغير

لماذا صناعة الحظ مهمة الآن أكثر من أي وقت مضى

في الماضي، كان من الممكن أن ينجح المرء من خلال اتباع مسار تقليدي ــ الذهاب إلى المدرسة، والحصول على وظيفة جيدة، والعمل بجد حتى سن التقاعد. لكن هذه الأيام، أصبح العالم أكثر تعقيداً وتنافسية. التغيير هو الثابت الوحيد، وأولئك الذين لا يستطيعون التكيف يخاطرون بالتخلف عن الركب

فكر في التحولات الهائلة التي شهدناها في العقود القليلة الماضية:

اولا التطور التكنولوجي السريع: أدت الابتكارات مثل الذكاء الاصطناعي والروبوتات وسلسلة الكتل إلى تعطيل الصناعات بأكملها، وخلقت وظائف جديدة لم نكن نتخيلها من قبل.

ثانيا العولمة المتزايدة: مع ترابط الاقتصادات والثقافات حول العالم بشكل متزايد، أصبحت المنافسة على الفرص شديدة أكثر من أي وقت مضى.

ثالثا التغير الديموغرافي: مع تقدم جيل الطفرة في السن وانضمام جيل الألفية وما بعده إلى القوى العاملة، تتغير توقعات مكان العمل والتوازن بين العمل والحياة.

رابعا أصبحت COVID-19 عدم الاستقرار الاقتصادي: من الركود العظيم إلى جائحة الاضطرابات المالية أكثر شيوعًا، مما أجبر الناس على التكيف بسرعة.

في مثل هذه الأوقات غير المؤكدة، لم تعد الطرق القديمة لتحقيق النجاح كافية. لكي تزدهر حقاً، يجب أن تتعلم كيف تصنع فرصك الخاصة ــ بغض النظر عن الظروف الخارجية.

إليك بعض الحقائق المذهلة:

وفقاً لتقرير مستقبل الوظائف الصادر عن المنتدى الاقتصادي العالمي، قد يؤدي التحول التكنولوجي إلى زوال 85 مليون وظيفة بحلول عام 2025. ومع ذلك، من المتوقع أيضاً أن يخلق 97 مليون دور جديد يكيّف مع التقسيم الجديد للعمالة بين البشر والآلات

وفقا لدراسة أجرتها شركة Intuit، من المتوقع أن يكون 40٪ من القوى العاملة الأمريكية من العاملين لحسابهم الخاص بحلول عام 2020. هذا يعني أن الملايين من الناس سيحتاجون إلى تعلم كيفية خلق استقرارهم واستدامتهم.

ووجدت دراسة أجرتها مؤسسة كوفمان أن أكثر من 50٪ من الشركات المدرجة في Fortune 500 تم تأسيسها خلال فترات الركود أو تراجع سوق الأسهم. هذا يثبت في القائمة أنه حتى في أصعب الأوقات، لا تزال هناك فرص لأولئك الذين على استعداد للبحث عنها.

في السياق الحالي، لم يعد صنع الحظ خياراً فقط ــ إنه ضرورة. سواء كنت ترغب في بدء مشروعك الخاص، أو التنقل في مهنة حالية، أو مجرد البقاء ذات صلة في سوق عمل سريعة التغير، فأنت بحاجة إلى المهارات والعقلية لابتكار طريقك الخاص. الهدف من هذا الكتاب هو مساعدتك على القيام بذلك.

ما الذي ستتعلمه في هذا الكتاب

في الصفحات التالية، ستقوم برحلة لاكتشاف فن و علم صناعة الحظ. ستكتسب رؤى قيّمة ونصائح عملية يمكنك تطبيقها على الفور لتحسين حياتك المهنية و الشخصية. إليك لمحة سريعة عما يمكن أن تتوقعه:

1. تطوير عقلية النمو: ستتعلم كيف تتبنى طريقة تفكير تركز على التعلم والتحسين المستمر، حتى تتمكن من التكيف مع التحديات والاستفادة من الفرص الجديدة.

2. التكيف مع التغيير: ستكتشف استر اتيجيات للبقاء مرناً ومبتكراً في مواجهة عدم اليقين، حتى لا تتعثر أبداً بسبب الظروف المتغيرة.

3. بناء شبكة قوية: سوف تتقن فن التواصل والتعاون مع الآخرين، وتشكيل علاقات مجزية يمكن أن تفتح الأبواب وتوفر الدعم طوال رحلتك.

4. المثابرة في وجه التحديات: ستتعلم كيفية تعزيز قدرتك على الصمود والحفاظ على التركيز والالتزام، حتى عندما تكون الأوقات عصيبة.

5. التغلب على الفشل: ستكتسب منظوراً جديداً حول الانتكاسات وتطوير استر اتيجيات لتحويلها إلى فرص للنمو والتحسين.

6. ممارسة الوعي الذاتي: ستتعلم كيفية تحديد نقاط القوة و الضعف لديك، وكيفية استخدام هذه المعرفة للتنقل بذكاء في مسيرتك المهنية وحياتك الشخصية.

7. خلق القيمة للآخرين: ستكتشف أهمية المساهمة بشيء ذي مغزى في العالم، وكيف يمكن أن يؤدي التأثير الإيجابي إلى فرص لا تصدق ونجاح على المدى الطويل

بالإضافة إلى هذه الموضوعات الأساسية، سيتخلل الكتاب أمثلة من العالم الحقيقي، ودر اسات حالة ملهمة، وتمارين تفاعلية لمساعدتك على ترسيخ التعلم. سواء كنت رائد أعمال طموحاً، أو محترفاً يسعى للترقي، أو شخصاً يتطلع ببساطة لعيش حياة أكثر إرضاءً، فستجد نصائح قابلة للتنفيذ لمساعدتك على طول الطريق.

لذا، استعد للانطلاق في رحلة تحويلية. من خلال الجمع بين الأفكار القوية مع الإجراءات المدروسة، ستكتسب الثقة والقدرات لتصبح صانع حظ من الدرجة الأولى. قد تواجه تحديات غير متوقعة وعقبات على طول الطريق، لكنك ستكون مجهزاً بالأدوات التي تحتاجها للتغلب عليها والازدهار.

فلنبدأ الرحلة الآن، ونكتشف ما يحمله المستقبل!

دعوة للعمل

إذاً، ها أنت على وشك البدء في رحلة لتصبح صانع حظ من الطراز الأول. ربما تشعر بالفضول، والحماس، وربما القليل من التردد. هذا أمر طبيعي تماماً ـ فالتغيير يمكن أن يكون مخيفاً، حتى عندما يكون إيجابياً

لكن تذكر هذا: لديك بالفعل القدرة على صنع حظك داخلك. بغض النظر عن خلفيتك، أو تعليمك، أو تجاربك السابقة، لديك القوة لتشكيل مستقبلك والتأثير إيجابياً في العالم من حولك. كل ما تحتاجه هو العقلية الصحيحة والاستراتيجيات العملية ـ وهذا بالضبط ما سيوفره لك هذا الكتاب.

لذا، ها هي دعوتك للعمل:

اقرأ هذا الكتاب بعقل متفتح وفضولي. تخلص من أي أفكار مسبقة أو افتراضات حول ما هو ممكن، وكن منفتحاً للأفكار الجديدة.

لا تكتفي بقراءة الكلمات على الصفحة ـ اسعَ جاهداً لتطبيق المفاهيم في حياتك اليومية. جرب الأدوات والتقنيات، وراقب ما ينجح وما لا ينجح.

كن مستعداً للخروج من منطقة الراحة الخاصة بك. سيتطلب النمو كصانع حظ منك أن تخاطر أحياناً وتواجه مخاوفك. تذكر أن هذا جزء طبيعي من العملية.

احتفل بانتصاراتك على طول الطريق، مهما كانت صغيرة. كل خطوة تتخذها هي دليل على تقدمك وقدرتك المتزايدة على خلق الحياة التي تريدها.

لا تستسلم أبداً، حتى عندما تواجه انتكاسات. تذكر أن الفشل هو مجرد فرصة للتعلم والنمو. ما دمت مثابراً وحريصاً على التحسين، فلا يوجد حد لما يمكنك تحقيقه.

أخيراً، تذكر أنك لست وحدك في هذه الرحلة. يمر جميع صناع الحظ العظماء برحلة مماثلة، مليئة بالتحديات والانتصارات على حد سواء. من خلال تطبيق الدروس في هذا الكتاب والاستمرار في السعي نحو نموك، ستنضم إلى صفوفهم وتلهم الآخرين ليحذوا حذوك.

إذاً، هل أنت مستعد لتبدأ التحول الخاص بك؟ هيا بنا ننطلق ـ فالمغامرة في انتظارك!

الفصل الأول: قوة عقلية النمو

قصة كارول دويك: اكتشاف عقلية النمو

في أوائل الثمانينيات، كانت عالمة النفس الدكتورة كارول دويك تجري بحثاً رائداً حول كيفية استجابة الأطفال للتحديات. لاحظت أن بعض الطلاب، عندما واجهوا مشكلات صعبة، استسلموا بسرعة وافترضوا أنهم ببساطة ليسوا أذكياء بما يكفي. في المقابل، رأت آخرين يتحمسون لحل المسائل الصعبة، معتبرين إياها فرصاً للتعلم.

اندهشت دويك من هذا التباين في الاستجابات. تساءلت: ما الذي يجعل بعض الطلاب يحبون التحدي، بينما يخشاه آخرون؟ هل هو شيء فطري، أم يمكن تعلمه؟

بعد سنوات من الأبحاث الشاملة، توصلت دويك إلى استنتاج مفاده أن الاختلاف الرئيسي يكمن في طريقة تفكير الطلاب في قدراتهم. أولئك الذين اعتقدوا أن ذكاءهم صفة ثابتة ـ إما أن يمتلكوه أو لا ـ كانوا أكثر عرضة للاستسلام في مواجهة الصعوبات. أما أولئك الذين اعتقدوا أن ذكاءهم يمكن تطويره، فقد تبنوا تحديات التعلم وأظهروا مرونة أكبر.

أطلقت دويك على هاتين الطريقتين المتباينتين للتفكير اسم "العقلية الثابتة" و "عقلية النمو". وفقاً لها، فإن الاعتقاد بأن قدراتنا يمكن تطويرها ـ وهو جوهر عقلية النمو ـ هو المفتاح لتحقيق النجاح في الحياة. عندما نؤمن بأن النمو ممكن، فإننا نصبح أكثر قدرة على تجاوز العقبات، وتقبل التحديات، والازدهار في مواجهة عدم اليقين.

تُظهر أبحاث دويك أن تبني عقلية النمو ليس فقط ممكناً، بل إنه ضروري لأي شخص يريد تحقيق إمكاناته الكاملة. سواء في الفصل الدراسي، أو مكان العمل، أو الحياة بشكل عام، فإن الإيمان بقدرتنا على التحسن يمكّننا من تحقيق أشياء استثنائية.

وكما ستكتشف، فإن عقلية النمو هي أيضاً سمة محددة لصناع الحظ. من خلال الإيمان بأن النجاح هو نتيجة للجهد والمثابرة، وليس مجرد موهبة فطرية، يصبح صانعو الحظ أكثر قدرة على خلق فرصهم الخاصة وتحقيق أهدافهم. في الصفحات التالية، سنستكشف كيف يمكنك تطوير عقلية النمو الخاصة بك وتسخير قوتها لتحويل حياتك.

فن صناعة الحظ : كيف تخلق فرصك الخاصه وتحقق النجاح في عالم متغير

العقلية الثابتة مقابل عقلية النمو : ما الفرق؟
لفهم أهمية عقلية النمو، من المفيد مقارنتها بنقيضها: العقلية الثابتة. إليك بعض الاختلافات الرئيسية بين هذين النمطين من التفكير:
1. الموقف تجاه التحديات
- العقلية الثابتة: يرى التحديات كتهديدات ويتجنبها خوفاً من الفشل.
- عقلية النمو: يرحب بالتحديات كفرص للتعلم والنمو.
2. الاستجابة للانتكاسات
- العقلية الثابتة: يشعر بالإحباط ويستسلم بسهولة عند مواجهة العقبات.
- عقلية النمو: يتعامل مع الانتكاسات كدروس ويثابر في مواجهة الصعوبات.
3. الموقف من الجهد
- العقلية الثابتة: يرى الحاجة إلى الجهد كدليل على نقص القدرة.
- عقلية النمو: يعتبر الجهد ضرورياً للنمو ومفتاحاً للإنجاز.
4. الاستجابة للنقد
- العقلية الثابتة: يتجاهل الملاحظات المفيدة ويشعر بالتهديد من النقد.
- عقلية النمو: يرحب بالملاحظات البناءة كوسيلة للتحسين الذاتي.
5. رد الفعل تجاه نجاح الآخرين
- العقلية الثابتة: ينظر إلى نجاح الآخرين كتهديد ويشعر بالغيرة.
- عقلية النمو: يجد إلهاماً في إنجازات الآخرين ويتعلم من نجاحاتهم.

تخيل كيف يمكن لهذه الاختلافات في العقلية أن تؤثر على الشخص في العالم الواقعي. على سبيل المثال، تأمل موظفَين ـ أحدهما لديه عقلية ثابتة والآخر لديه عقلية نمو ـ يواجهان تحدياً جديداً في العمل

قد يرى الموظف ذو العقلية الثابتة المهمة الجديدة كتهديد لكفاءته ويتجنبها خوفاً من الظهور بمظهر سيء. إذا حاول وكافح، فقد ينسحب ويفترض أنه ببساطة يفتقر إلى المهارات اللازمة. بمرور الوقت، قد يفوت هذا الموظف فرصاً قيّمة للتعلم والتقدم في حياته المهنية.

من ناحية أخرى، قد يرى الموظف ذو عقلية النمو نفس التحدي كفرصة لاكتساب مهارات جديدة. حتى إذا كافح في البداية، فسوف يثابر، ويطلب الملاحظات، ويجد طرقاً للتحسين. على المدى الطويل، سيؤدي هذا النهج إلى نمو كبير، سواء في خبرته أو في مساره الوظيفي.

كما ترى، يمكن أن يكون للاختلافات في العقلية تأثير عميق على النجاح في الحياة الواقعية. من خلال تبني عقلية النمو، نصبح أكثر مرونة، وإبداعاً، ومنفتحين على الفرص. هذه هي الصفات التي تميز صناع الحظ، وهي ضرورية للازدهار في عالم اليوم سريع التغير.

لماذا يحتاج صانعو الحظ إلى عقلية النمو؟

كما رأينا، يمكن لعقلية النمو أن تكون أداة قوية للنجاح في مختلف مجالات الحياة. ولكن بالنسبة لأولئك الذين يتطلعون إلى صنع حظهم، فهي ضرورية بشكل خاص. إليك بعض الأسباب الرئيسية:

صنع الحظ يتطلب المثابرة

لا يحدث الحظ عن طريق الصدفة. إنه نتيجة للعمل الجاد المستمر، حتى في مواجهة العقبات.

تمنح عقلية النمو صناع الحظ المرونة والإصرار للمثابرة، حتى عندما تصبح الأمور صعبة.

صنع الحظ يتطلب الإبداع

لخلق فرص جديدة، يجب على صناع الحظ التفكير خارج الصندوق وتجربة أساليب جديدة.

تشجع عقلية النمو على الابتكار من خلال رؤية التحديات كفرص للنمو، وليس كعقبات لا يمكن التغلب عليها.

صنع الحظ يتطلب المخاطرة

يستلزم خلق حظك الخروج من منطقة الراحة وتحمل المخاطر المحسوبة.

تمكّن عقلية النمو الأفراد من مواجهة المخاوف، لأنهم يعرفون أن الفشل هو فرصة للتعلم والنمو.

فن صناعة الحظ : كيف تخلق فرصك الخاصه وتحقق النجاح في عالم متغير

صنع الحظ يتطلب التكيف
في عالم سريع التغير ، يجب على صناع الحظ أن يكونوا مرنين ومستعدين للتكيف مع الظروف المتغيرة.
تسمح عقلية النمو للأفراد بالتعامل مع التغيير بسهولة أكبر ، لأنهم يثقون في قدرتهم على التعلم والنمو.
صنع الحظ يتطلب التواضع
يدرك صناع الحظ العظماء أن هناك دائمًا مجالًا للتحسن ويسعون باستمرار للتعلم من الآخرين.
تعزز عقلية النمو التواضع من خلال الاعتراف بأن القدرات ليست ثابتة، وأن هناك دائمًا فرصة للنمو.
عندما تجتمع هذه الصفات معًا ـ المثابرة، والإبداع، والمخاطرة، والتكيف، والتواضع ـ تخلق مزيجاً قوياً يسمح لصناع الحظ بالازدهار في مواجهة عدم اليقين. من خلال تبني عقلية النمو ، تطور العقلية اللازمة لتحويل التحديات إلى فرص، والعقبات إلى منصات للنجاح.
بالطبع، تبني عقلية النمو أسهل بكثير من القيام به. تتطلب ممارسة واعية وجهدًا متضافرًا لتحدي الأنماط القديمة من التفكير. لكن المكافآت تستحق العناء. من خلال الإيمان بقدرتك على النمو والتحسن، ستفتح الباب أمام إمكانيات لا حصر لها ـ سواء في حياتك المهنية، أو علاقاتك، أو مساعيك الإبداعية.

استراتيجيات لتطوير عقلية النمو الخاصة بك

بينما قد يبدو تبني عقلية النمو وكأنه تحول كبير، فإن الخبر السار هو أنه يمكن تحقيقه من خلال خطوات صغيرة ومتعمدة. إليك بعض الاستراتيجيات العملية لبدء رحلتك:

كن مدركًا لأنماط تفكيرك

- لاحظ عندما تقع في أنماط التفكير الثابتة، مثل تجنب التحديات أو الاستسلام بسهولة.
- تحدى هذه الأفكار عن طريق إعادة صياغتها من منظور النمو. على سبيل المثال، بدلاً من القول "أنا لست جيدًا في هذا"، جرب "لست جيدًا في هذا بعد، لكن يمكنني التحسن".

احتضن التحديات

- ابحث عن فرص للخروج من منطقة الراحة الخاصة بك وتوسيع حدودك.
- سواء كان ذلك تعلم مهارة جديدة، أو تحمل مشروع صعب، أو مجرد تجربة شيء غير مألوف، فإن مواجهة التحديات ستساعد في تقوية عقلية النمو لديك.

رحب بالنقد البناء

- بدلاً من النظر إلى الملاحظات على أنها حكم على قدراتك، انظر إليها كفرصة للتعلم والتطور.
- اطلب بنشاط التعليقات من الأشخاص الذين تثق بهم واستخدم رؤاهم لتحديد مجالات التحسين.

احتفل بالعملية، وليس فقط النتائج

- ركز على التقدم الذي تحرزه في رحلة النمو الخاصة بك، حتى لو كانت صغيرة.
- بدلاً من الانتظار حتى تحقق هدفًا كبيرًا للاحتفال، افرح بالخطوات التي تتخذها على طول الطريق.

تعلم من الآخرين

- ابحث عن الأفراد الذين يجسدون عقلية النمو واستلهم منهم.
- اقرأ سير المبدعين والمبتكرين الذين تغلبوا على العقبات، وحاول دمج استراتيجياتهم في حياتك الخاصة.

مارس التعاطف الذاتي

- تذكر أن تطوير عقلية النمو هو رحلة، وستواجه بالتأكيد عقبات على طول الطريق.
- كن لطيفًا مع نفسك وتجنب الحكم الذاتي القاسي عندما تواجه انتكاسات.

من خلال دمج هذه الاستراتيجيات في حياتك اليومية، ستبدأ في تحويل طريقة تفكيرك وتتصرف. مع مرور الوقت، ستصبح عقلية النمو طبيعة ثانية، مما يسمح لك بمواجهة التحديات بثقة والتكيف بسلاسة مع الظروف المتغيرة.

تذكر، تبني عقلية النمو ليس وجهة ــ إنها ممارسة مستمرة. حتى صناع الحظ الأكثر نجاحًا يجب أن يعملوا باستمرار على صيانة منظور هم وتعزيز معتقداتهم. من خلال الالتزام بالتعلم والتحسين المستمر، ستفتح الباب أمام فرص لا حصر لها لتنمية شخصية ومهنية

فن صناعة الحظ : كيف تخلق فرصك الخاصه وتحقق النجاح في عالم متغير

حان وقت التغيير
في هذا الفصل، استكشفنا المفهوم الثوري لعقلية النمو وقوتها في تشكيل نجاحنا. من خلال بحث الدكتورة كارول دويك الرائد، رأينا كيف يمكن لمعتقداتنا حول قدراتنا أن تؤثر بشكل عميق على طريقة تفكيرنا وتصرفنا في مواجهة التحديات.
تعلمنا أن تبني عقلية النمو ــ الاعتقاد بأن مواهبنا يمكن تطويرها من خلال الجهد والمثابرة ــ هو المفتاح لإطلاق العنان لإمكاناتنا الكاملة. من خلال رؤية العقبات كفرص للتعلم، والاحتفاء بقيمة الكفاح، والإيمان بقدرتنا على التحسن، نصبح أكثر مرونة وإبداعًا ومرونة في عالم سريع التغير.
كما رأينا، فإن تطوير عقلية النمو أمر بالغ الأهمية بشكل خاص بالنسبة لأولئك الذين يتطلعون إلى صنع حظهم. من خلال تبني عقلية المثابرة والفضول والمخاطرة المحسوبة، يتمكن صناع الحظ من خلق فرصهم الخاصة والازدهار في مواجهة الشكوك.
لكن ببساطة فهم أهمية عقلية النمو ليس كافياً ــ يجب عليك اتخاذ إجراءات متعمدة لتجسيدها في حياتك اليومية. سواء كان ذلك من خلال تحدي أنماط التفكير المحدودة، أو طلب ملاحظات بناءة، أو الاحتفال بالتقدم الذي تحرزه، هناك العديد من الاستراتيجيات العملية التي يمكنك استخدامها لتعزيز عقلية النمو.
تذكر، تبني عقلية النمو هو رحلة، وليس وجهة. سيتطلب الأمر ممارسة مستمرة والتزامًا مستمرًا لإعادة برمجة طريقة تفكيرك. لكن الجهد يستحق العناء. من خلال إيمانك بقدرتك على التعلم والتحسن، ستفتح الباب أمام فرص لا نهاية لها للنمو الشخصي والمهني.
إذاً، ها هو تحديك: ابدأ رحلتك نحو عقلية النمو اليوم. اختر استراتيجية واحدة من هذا الفصل وطبقها في حياتك. سواء كان ذلك يعني تحدي نفسك بمهمة صعبة، أو طلب ملاحظات من زميل موثوق به، أو ببساطة الانتباه إلى الطريقة التي تتحدث بها عن قدراتك، فإن كل خطوة صغيرة ستساعدك على طول الطريق نحو تحقيق إمكاناتك الكاملة.
وأثناء استمرارك في قراءة هذا الكتاب، والذي سيستكشف المزيد من استراتيجيات وفلسفات صناعة الحظ، استمر في العودة إلى دروس هذا الفصل. دع عقلية النمو تكون حجر الأساس الذي تبني عليه نجاحك، مما يمكّنك من مواجهة أي تحدٍ والازدهار في عالم من الفرص اللامحدودة.
إذاً، هل أنت جاهز لتبدأ؟ لنخرج إلى العالم ونبدأ في صنع حظنا ــ بدءًا من التحول في عقليتنا. المستقبل ينتظرنا، ومع قوة عقلية النمو في صفنا، لا شيء يمكن أن يقف في طريقنا.

الفصل الثاني: فن التكيف

التكيف في عالم متغير باستمرار

تخيل أنك تخطط لرحلة طويلة. لقد حزمت حقائبك، ورسمت مسارك، ووضعت جدولًا زمنيًا دقيقًا. لكن عندما تصل إلى المطار، تكتشف أن رحلتك قد تأخرت. ثم، بمجرد صعودك على متن الطائرة، يعلن الطيار أن هناك عاصفة على الطريق، مما يتطلب تغييرًا في المسار. عندما تصل أخيرًا إلى وجهتك، تجد أن الفندق الذي حجزته قد أغلق بسبب حالة طوارئ غير متوقعة.

في مثل هذه الظروف، لديك خيار ان: يمكنك إما أن تشعر بالإحباط والغضب بسبب الانحراف عن خططك، أو يمكنك التكيف والتأقلم مع الظروف المتغيرة. إذا اخترت الخيار الأخير، فقد تكتشف متعة استكشاف مدينة لم تكن تنوي زيارتها، أو الالتقاء بشخص مثير للاهتمام في الفندق الجديد، أو حتى مجرد تقدير راحة التحلي بالمرونة في مواجهة التحديات بطريقة ما، هذا هو الحال مع الحياة بشكل عام ـ وخاصة بالنسبة لأولئك الذين يسعون لصنع حظهم في المجالات المهنية والإبداعية والشخصية. نحن نعيش في عالم يتميز بالتغيير المستمر، حيث يتم باستمرار اختبار قدرتنا على التكيف والتأقلم. من التطورات التكنولوجية المتسارعة إلى التحولات الاقتصادية والاجتماعية، تتغير قواعد اللعبة باستمرار، مما يتركنا جميعًا نتساءل عن كيفية البقاء على قدمينا.

في مثل هذه الأوقات، يعد التكيف ليس مجرد مهارة مرغوبة، بل هو ضرورة. وينطبق هذا بشكل خاص على صناع الحظ، الذين غالبًا ما يتعين عليهم اجتياز مياه مجهولة وغير مستقرة في سعيهم لخلق فرصهم الخاصة. سواء كنت رائد أعمال يقود شركة ناشئة من خلال اضطرابات السوق، أو فنانًا يتنقل في المشهد الثقافي المتغير، أو مهنيًا يتطلع إلى البقاء ذا صلة في مجال سريع التطور، فأنت بحاجة إلى القدرة على المرونة والتكيف مع الظروف المتغيرة.

لحسن الحظ، التكيف هو مهارة يمكن تعلمها وتطويرها بمرور الوقت. من خلال تبني عقلية مرنة، وتطوير المرونة العاطفية، واستخدام استراتيجيات التكيف السريع، يمكنك تعزيز قدرتك على التنقل في الأوقات غير المؤكدة والنجاح في مواجهة التغيير المستمر. في هذا الفصل، سنستكشف بعض الأدوات والتقنيات الأساسية التي يستخدمها صناع الحظ للبقاء منتعشين في عالم لا يتوقف أبدًا عن التحرك.

تطوير العقلية المتكيفة

في جوهر القدرة على التكيف تكمن عقلية معينة ـ طريقة في التفكير تتيح لك البقاء مرنًا ومنفتحًا وإيجابيًا في مواجهة عدم اليقين. وتتميز هذه العقلية المتكيفة بعدة سمات رئيسية:

قبول التغيير كحقيقة الحياة

تدرك العقلية المتكيفة أن التغيير أمر لا مفر منه وتتوقع الانحرافات عن الخطط الموضوعة.

بدلاً من مقاومة التغيير أو تجنبه، يرحب المتكيفون بالتحديات غير المتوقعة كفرص للنمو والابتكار.

التركيز على الحلول

عندما تظهر العقبات، لا تركز العقلية المتكيفة على المشاكل، بل على إيجاد الحلول.

بدلاً من الشعور بالإحباط أو الشلل بسبب التحديات، يظل المتكيفون موجهين نحو العمل ويعملون بنشاط على إيجاد طرق بديلة للمضي قدمًا.

التفكير خارج الصندوق

تتميز العقلية المتكيفة بالمرونة العقلية والقدرة على رؤية الأشياء من منظور جديد.

المتكيفون منفتحون على الأفكار الجديدة ويبحثون دائمًا عن طرق مبتكرة للتفكير في التحديات.

التأكيد والتعلم المستمر

العقلية المتكيفة متواضعة وتدرك أن هناك دائمًا المزيد لنتعلمه.

بدلاً من التمسك بالافتراضات أو الاعتقادات القديمة، يظل المتكيفون منفتحين على وجهات نظر جديدة ويسعون باستمرار للنمو والتحسين.

المرونة العاطفية

لا تسمح العقلية المتكيفة للانتكاسات أو الإحباطات بالسيطرة عليها.

يظل المتكيفون هادئين ومركزين في مواجهة الضغوط ويديرون عواطفهم بشكل فعال

تذكر، تطوير عقلية متكيفة هو مهارة يمكن تعلمها وممارستها. إليك بعض الاستراتيجيات العملية التي يمكنك استخدامها لتعزيز مرونتك العقلية:

تحدي افتراضاتك باستمرار وكن منفتحًا على وجهات النظر البديلة.

تدرب على التفكير الإبداعي من خلال اكتشاف أفكار جديدة وحلول غير تقليدية للمشكلات.

ركز على ما يمكنك التحكم فيه، بدلاً من القلق بشأن ما لا يمكنك التحكم فيه.

تبني ممارسات اليقظة، مثل التأمل، للبقاء هادئًا ومركزًا في مواجهة الضغوط.

احتفل بإنجازاتك وانمو من إخفاقاتك، مع تذكر أن كليهما جزء من رحلة التكيف.

من خلال دمج هذه المبادئ في طريقة تفكيرك، يمكنك تطوير عقلية متكيفة تسمح لك بالازدهار في مواجهة عدم اليقين وتحويل التحديات إلى فرص. سواء كنت تقود فريقًا من خلال تغيير تنظيمي، أو تتعامل مع انقطاع غير متوقع في مسيرتك المهنية، أو ببساطة تتعلم

التنقل في تقلبات الحياة اليومية، فإن امتلاك عقلية متكيفة سيمكّنك من الصمود والنجاح في المواقف الأكثر تحديًا.

تعزيز المرونة العاطفية

تخيل أنك في غرفة مظلمة تحاول العثور على مفتاح الإضاءة. أنت تتلمس طريقك في الظلام، وتشعر بالإحباط والارتباك مع اصطدامك بالأشياء وتعثرك. الآن، تخيل أن لديك مصباحًا صغيرًا ـ لا يضيء الغرفة بالكامل، لكنه يعطيك ما يكفي من الضوء للتنقل في الغرفة بثقة أكبر، مع العلم أنك ستجد في النهاية ما تبحث عنه.

في كثير من النواحي، تشبه المرونة العاطفية هذا المصباح. عندما نواجه أوقاتًا من التغيير والانتقال، يمكن أن تكون عواطفنا ساحقة ـ الخوف، والقلق، والإحباط، والشك في الذات. هذه المشاعر طبيعية ولا مفر منها، لكنها يمكن أن تعيقنا وتعيق قدرتنا على التكيف بفعالية مع الظروف الجديدة. ومع ذلك، من خلال تطوير مرونتنا العاطفية ـ قدرتنا على إدارة ردود أفعالنا العاطفية بشكل بناء ـ يمكننا تسليط الضوء على حالة عدم اليقين وخلق شعور بالاستقرار والهدف، حتى في خضم التغيير.

فكيف يمكننا تعزيز مرونتنا العاطفية؟ إليك بعض الاستراتيجيات الأساسية:

1. اعترف بمشاعرك وتقبلها.
- اسمح لنفسك بالشعور بالعواطف غير المريحة، بدلاً من قمعها أو تجنبها.
- تذكر أن المشاعر السلبية مؤقتة ولا تعرّف من أنت.

2. مارس اليقظة الذهنية.
- خذ بضع لحظات كل يوم للتركيز على اللحظة الحاضرة، سواء من خلال التأمل، أو التنفس العميق، أو مجرد ملاحظة أفكارك بهدوء.
- ساعد اليقظة الذهنية في تقليل التوتر وتعزيز التنظيم العاطفي.

3. حافظ على منظور
- عندما تكون العواطف مرتفعة، تذكر النظر إلى الصورة الأكبر.
- اسأل نفسك: "هل سيهم هذا بعد شهر؟ سنة؟ عقد من الزمان؟"
4. اعتن بنفسك جسديًا
- اعط الأولوية للنوم والتمارين الرياضية والتغذية الجيدة، خاصة في أوقات التغيير.
- الرفاهية البدنية مرتبطة ارتباطًا وثيقًا بالمرونة العاطفية.
5. حافظ على شبكة دعم قوية
- التواصل مع الأصدقاء والعائلة والزملاء الموثوق بهم عندما تكافح.
- يمكن أن يوفر الحصول على منظور خارجي راحة كبيرة ويمنحك شعورًا بالاتصال خلال أوقات عدم اليقين.

تذكر، تطوير المرونة العاطفية هو ممارسة مدى الحياة. لا يوجد شخص محصن تمامًا ضد تحديات الحياة، ونحن جميعًا نكافح أحيانًا للتكيف مع التغيير. ومع ذلك، من خلال تبني استراتيجيات التنظيم العاطفي بنشاط، يمكننا تعزيز قدرتنا على الصمود في مواجهة الانتكاسات والحفاظ على حس الاستقرار الداخلي، حتى في خضم الاضطراب الخارجي. كصانع حظ، ستكون المرونة العاطفية أحد أعظم الأصول لديك. سواء كنت تتعامل مع رفض مهني أو تتنقل في أوقات انتقالية للحياة، فإن القدرة على إدارة ردود أفعالك العاطفية بشكل فعال ستمكنك من الحفاظ على تركيزك والتكيف مع أي تحد يأتي في طريقك. مع الممارسة والالتزام، يمكنك أن تصبح صخرة الاستقرار العاطفي – ليس فقط لنفسك، ولكن للآخرين من حولك أيضًا.

تبني نهج "التكيف السريع"

في دراسة أجريت عام 2020، حلل الباحثون في جامعة كولومبيا سلوك أكثر من 1000 شركة أمريكية خلال الركود الاقتصادي في عام 2008. وجدوا أن الشركات التي تبنت استراتيجية "التكيف السريع" – أي القدرة على إعادة تكوين الأعمال والموارد بسرعة استجابةً للظروف المتغيرة – كانت أكثر مرونة وحققت أداءً أفضل بكثير خلال فترة الاضطراب الاقتصادي مقارنة بنظرائها الأقل مرونة.

ما الذي يمكننا تعلمه من هذه الدراسة؟ حسنًا، تمامًا كما هو الحال مع الشركات، يمكن للأفراد الذين يطورون قدرتهم على "التكيف السريع" أن يزدهروا في أوقات التغيير وعدم اليقين. إن تبني نهج التكيف السريع يعني أن تكون استباقيًا ومرنًا، وتتوقع التغيير وتتكيف بسرعة مع الظروف الجديدة. إليك بعض الاستراتيجيات لدمج التكيف السريع في حياتك:
ابق متيقظًا وفضوليًا
كن على دراية بالاتجاهات والتطورات في مجالك وما وراءه.
تحدث مع الأشخاص من خلفيات وصناعات متنوعة لاكتساب منظورات جديدة.

فن صناعة الحظ : كيف تخلق فرصك الخاصه وتحقق النجاح في عالم متغير

أشارت دراسة لرواد الأعمال إلى أن 72٪ يعتبرون الفضول سمة مهمة للنجاح في بيئة الأعمال سريعة التغير.
طوّر مجموعة متنوعة من المهارات
بدلاً من التخصص الضيق، اسعَ إلى اكتساب معرفة واسعة ومهارات قابلة للتحويل. خذ دورات أو ورش عمل في الموضوعات خارج نطاق خبرتك المعتادة.
أعاد العديد من أصحاب المطاعم توجيه أعمالهم إلى COVID-19، خلال جائحة خدمات التوصيل وتناول الطعام في الخارج، مستفيدين من مهاراتهم المتنوعة لتلبية الوضع الجديد.
اعتمد التفكير التصميمي
اقترب من التحديات بعقلية تركز على الحلول، وليس المشاكل. توليد أفكار متعددة واختبار النماذج الأولية بسرعة، مع التكرار والتكيف حسب الحاجة في مراجعة لبرنامج التفكير التصميمي في كلية الطب بجامعة بنسلفانيا، وجد الطلاب أن هذا النهج ساعدهم على تطوير حلول أكثر ابتكارًا لتحديات الرعاية الصحية.
تقبل الفشل كجزء من العملية
لا تسمح للانتكاسات بإعاقتك؛ بدلاً من ذلك، انظر إليها كفرص للتعلم والتحسين. تذكّر أن العديد من النجاحات العظيمة جاءت بعد العديد من المحاولات الفاشلة. فشلت شركة جيمس دايسون في صنع 5,126 نموذجًا أوليًا لمكنسة كهربائية قبل التوصل إلى التصميم الناجح الذي دفع بشركته إلى الصدارة.
مارس التعاطف والتفاهم
ضع نفسك في مكان الآخرين وحاول فهم منظورهم. تذكر أن الجميع يتعاملون مع التغيير بطريقتهم الخاصة، لذا كن صبورًا ومتعاطفًا في مكان العمل، يمكن أن يؤدي إظهار التعاطف للزملاء خلال فترات التحول التنظيمي إلى تحسين الروح المعنوية والتعاون.
من خلال دمج هذه الاستراتيجيات في حياتك، يمكنك تطوير القدرة على التكيف بسرعة مع عالم سريع التغير. تذكر أن التكيف السريع هو ممارسة، وليس حدثًا لمرة واحدة ــ إنها طريقة حياة تتطلب التزامًا مستمرًا بالنمو والتحسين.
لكن بمرور الوقت، ستجد أنه كلما زادت ممارستك للتعامل مع التغيير، أصبحت أكثر ثقة ومهارة في مواجهة أي تحد. وكصانع حظ، ستميزك هذه القدرة على التكيف وتحويل الاضطراب إلى فرصة، مما يضعك في طليعة حقل عملك والحياة بشكل عام.

تحويل التحديات إلى فرص

على مدار هذا الفصل، استكشفنا أهمية التكيف كسمة أساسية لصناع الحظ في القرن الحادي والعشرين. في عالم يتسم بالتقلب المستمر والتغيير السريع، أصبحت القدرة على التنقل في المياه المضطربة ليست مجرد ميزة، بل ضرورة للبقاء والازدهار.

رأينا كيف يمكن لتبني عقلية متكيفة ـ عقلية تتسم بالمرونة، والفضول، والتركيز على الحلول ـ أن يمكّننا من مواجهة التحديات بثقة وإبداع. من خلال تحدي افتراضاتنا، والانفتاح على وجهات نظر جديدة، والحفاظ على منظور إيجابي، يمكننا تحويل العقبات إلى منصات للنمو والابتكار.

تعلمنا أيضًا أهمية تعزيز مرونتنا العاطفية ـ قدرتنا على إدارة ردود أفعالنا العاطفية بشكل بناء في أوقات الضغط. من خلال ممارسات مثل اليقظة الذهنية، والرعاية الذاتية، والحفاظ على شبكة دعم قوية، يمكننا الحفاظ على الاتزان الداخلي والتركيز، حتى في خضم الاضطراب الخارجي.

وأخيرًا، ناقشنا أهمية تبني نهج "التكيف السريع" للتغيير، والذي ينطوي على توقع الاضطرابات والاستجابة لها بمرونة وسرعة. من خلال البقاء فضوليين، وتطوير مجموعة متنوعة من المهارات، واعتماد التفكير التصميمي، يمكننا التنقل في المشهد دائم التغير والعثور على فرص جديدة للابتكار والنمو.

لكن الآن، دعونا نتحدث عن بعض الأمثلة الملموسة لكيفية تطبيق هذه المبادئ في الحياة الواقعية. خذ في اعتبارك قصة أريانا هوفينغتون، التي أسست موقع Huffington Post الإخباري الشهير. في عام 2005، عندما أطلقت هوفينغتون الموقع لأول مرة، واجهت الكثير من الشكوك والتشكيك من صناعة الأخبار التقليدية. لكنها تكيفت بسرعة مع المشهد الإعلامي المتغير، واستفادت من صعود وسائل التواصل الاجتماعي، ونمت Huffington لتصبح واحدة من أكثر المنصات تأثيرًا في العالم. اليوم، تعتبر أريانا هوفينغتون واحدة Post من أنجح رائدات الأعمال في عصرنا، وذلك بفضل قدرتها الهائلة على التكيف والابتكار في مواجهة التغيير.

أو ضع في اعتبارك قصة الكابتن "سولي" سولنبرغر، الطيار الذي نفذ هبوطًا اضطراريًا ناجحًا لرحلة الخطوط الجوية الأمريكية 1549 على نهر هدسون في عام 2009. عندما تعطلت كلتا محركات الطائرة بسبب اصطدامها بسرب الطيور، حافظ سولنبرغر على هدوئه وتكيف بسرعة مع الموقف، مستخدمًا مهاراته وخبرته لإنقاذ حياة 155 راكبًا وطاقمًا. أصبحت قصته رمزًا للمرونة والابتكار في مواجهة الخطر الشديد، وأظهرت لنا كيف يمكن للتفكير السريع والتصرف الحاسم أن يصنع الفرق بين الحياة والموت.

هذه ليست سوى مثالين على القوة التحويلية للتكيف في العمل. سواء كنا نقود مؤسسة من خلال تغيير جذري، أو نتعامل مع أزمة شخصية، أو نتنقل ببساطة في تقلبات الحياة اليومية، فإن قدرتنا على التكيف والتكيف مع الظروف المتغيرة ستحدد نجاحنا في نهاية المطاف.

لذلك، ها هو التحدي الذي أطرحه عليك: ابدأ في تطوير قدرتك على التكيف اليوم. سواء كان ذلك من خلال تبني عقلية نمو، أو تعزيز مرونتك العاطفية، أو تعلم كيفية التكيف بسرعة مع التغيير، اتخذ خطوات متعمدة لتصبح أكثر مرونة وابتكارًا في مواجهة التحديات.

تذكر، التكيف ليس شيئًا يحدث لمرة واحدة، إنه ممارسة مدى الحياة. كلما واجهت المزيد من التغيير والاضطراب، ستصبح أكثر براعة في التعامل معه. وبمرور الوقت، ستجد أن ما كان ذات يوم مخيفًا ومربكًا أصبح الآن مثيرًا وملهمًا ـ فرصة لاستكشاف آفاق جديدة، وبناء قدرات جديدة، وإطلاق العنان لإمكانات جديدة.

كصانع حظ، ستكون قدرتك على التكيف هي القوة الدافعة وراء نجاحك. سيسمح لك بالتنقل في المياه المجهولة بثقة، والعثور على الفرص حيث يرى الآخرون فقط العقبات، وتحويل الاضطراب والتغيير والشك إلى مزايا استراتيجية.

لذا، ضع الماضي وراءك واحتضن مستقبلاً يتسم بإمكانيات لا حدود لها. مع قوة التكيف في متناول يدك، لن يكون هناك شيء خارج نطاق قدراتك. العالم ينتظر بفارغ الصبر لرؤية التأثير الذي ستحدثه ـ فاذهب واجعل علامتك!

الفصل الثالث: تسخير قوة العلاقات

أهمية العلاقات في عالم اليوم المترابط

في عصر وسائل التواصل الاجتماعي والاتصال الفوري، أصبحت العلاقات أكثر أهمية من أي وقت مضى. سواء كنا ندرك ذلك أم لا، فإننا جميعًا متصلون من خلال شبكة معقدة من العلاقات ــ عائلتنا، وأصدقائنا، وزملاء العمل، والمعارف. هذه الروابط لا تشكل النسيج الاجتماعي لحياتنا فحسب، بل يمكن أن تكون أيضًا مصدرًا قويًا للفرص والدعم والنمو.

في الواقع، تشير الأبحاث إلى أن العلاقات القوية هي واحدة من أكثر العوامل أهمية للنجاح المهني والشخصي. في دراسة أجريت عام 2019 شملت أكثر من 12000 من خريجي كلية إدارة الأعمال، وجد الباحثون أن أولئك الذين لديهم العلاقات أكثر تنوعًا وترابطًا حققوا دخلاً أعلى وتقدمًا وظيفيًا أسرع من أقرانهم ذوي العلاقات الأصغر والأقل تنوعًا. وبالمثل، في كتابه الشهير "Give and Take"، يجادل الخبير في علم النفس آدم جرانت بأن الأفراد الذين يبنون علاقات قائمة على الكرم والمشاركة هم في النهاية أكثر نجاحًا من أولئك الذين يتبنون نهجًا أكثر انتهازية أو استغلالية.

لكن لماذا تعتبر العلاقات القوية مهمة جدًا؟ حسنًا، فكر في الأمر بهذه الطريقة: في عالم سريع التغير ومترابط بشكل متزايد، لا يمكن لأي شخص أن ينجح بمفرده. نحن نعتمد على الآخرين للحصول على المعلومات، والموارد، والدعم العاطفي، والإرشاد. العلاقات القوية تمكننا من الوصول إلى مجموعة أوسع من الأفكار والفرص، وتساعدنا على التغلب على التحديات، والنمو كأفراد ومهنيين.

كصانع حظ، يمكن أن تكون العلاقات الخاصة بك أحد أعظم الأصول. سواء كنت تبدأ شركة جديدة، أو تتطلع إلى تغيير المسار الوظيفي، أو ببساطة تريد إحداث تأثير إيجابي في العالم، فإن قدرتك على بناء علاقات قوية ومتنوعة ستكون ضرورية لنجاحك. من خلال التواصل مع الآخرين والتعاون معهم، ستكون قادرًا على توسيع نطاق تأثيرك، والتغلب على العقبات، وخلق فرص جديدة لا حصر لها.

لكن بناء علاقة قوية ليس بالأمر السهل دائمًا. يتطلب الأمر جهدًا واعيًا وممارسة، وغالبًا ما يعني الخروج من منطقة الراحة الخاصة بك. في هذا الفصل، سنستكشف بعض الاستراتيجيات والأدوات العملية التي يمكنك استخدامها لتطوير وتسخير قوة العلاقات. سواء كنت تعتبر نفسك انطوائيًا أو شخصًا اجتماعيًا بالفطرة، هناك خطوات يمكنك اتخاذها لبناء علاقات أكثر عمقًا وغنى في كل مجال من مجالات حياتك.

لذا، استعد للغوص في عالم الاتصالات البشرية وإمكانيات التعاون. من خلال تعلم كيفية بناء شبكات قوية ومؤثرة، ستكتسب ميزة قوية في سعيك لصنع حظك الخاص ــ وتحقيق نجاح لا حدود له.

استراتيجيات لبناء علاقات قوية ومتنوعة

بناء شبكة قوية يتطلب نهجًا استباقا ومتعمدًا. لا يمكنك ببساطة الجلوس والانتظار حتى تأتي الاتصالات القيمة إليك ــ يجب أن تبذل جهدًا واعيًا للخروج والتواصل مع الآخرين.

فيما يلي بعض الاستراتيجيات التي يمكنك استخدامها للبدء في بناء شبكة أكثر قوة وتنوعًا:

ابدأ بالناس من حولك. غالبًا ما تكون أفضل الفرص لبناء علاقات جديدة موجودة بالفعل في دوائرنا الحالية. فكر في زملائك في العمل، أو زملائك في الدراسة، أو الأشخاص في مجتمعك المحلي الذين تشاركهم اهتمامات مشتركة. قم بالوصول إليهم، وقم بإجراء محادثات هادفة، واظهر اهتمامًا حقيقيًا بحياتهم وأهدافهم. حتى التفاعلات الصغيرة يمكن أن تؤدي إلى علاقات قوية بمرور الوقت.

انضم إلى المنظمات والمجتمعات ذات الصلة. أحد أفضل الطرق لمقابلة أشخاص جدد يتشاركون اهتماماتك هو الانضمام إلى المجموعات أو المنظمات في مجالك أو صناعتك. سواء كانت جمعية مهنية، أو مجموعة اجتماعية، أو مجتمع عبر الإنترنت، فإن هذه المجموعات يمكن أن توفر فرصًا قيمة للتواصل والتعلم من الآخرين. حضور الأحداث، والتطوع في المشاريع، وتقديم المساعدة عندما تستطيع، فكل ذلك يمكن أن يساعدك على بناء علاقات قوية مع الأشخاص ذوي التفكير المماثل.

تواصل مع الأشخاص الذين تعجبك. إذا قرأت مقالة ملهمة، أو سمعت شخصًا يتحدث في مؤتمر، أو صادفت شخصًا مثيرًا للاهتمام على وسائل التواصل الاجتماعي، فلا تخف من الوصول إليه. أرسل بريدًا إلكترونيًا موجزًا لتعبر عن تقديرك لعملهم، أو اطرح سؤالاً حول خبرتهم، أو ببساطة اقترح الاجتماع لتناول القهوة وإجراء محادثة. في أسوأ الأحوال، قد لا يستجيبون ــ لكن في أحسن الأحوال، قد تكون قد بدأت علاقة مهمة يمكن أن تستمر لسنوات قادمة.

تعامل مع كل شخص باحترام وكرم. من السهل التركيز على ما يمكن أن يقدمه الآخرون لك ــ لكن الشبكات القوية حقًا تدور حول العطاء والأخذ. بغض النظر عمن تتفاعل معه، سواء كان رئيس تنفيذي أو موظف مبتدئ، عامل الجميع باحترام وتعاطف. أظهر اهتمامًا حقيقيًا بأفكارهم ومشاعرهم، وكن مستعدًا لتقديم المساعدة أو الموارد أو الاتصالات كلما أمكن ذلك. عندما تتعامل مع الآخرين بكرم وصدق، فإنك تبني الثقة والنية الحسنة التي هي أساس أي علاقة دائمة.

كن فضوليًا ومنفتحًا. بناء شبكة متنوعة يتطلب الخروج من منطقة الراحة الخاصة بك والتواصل مع الأشخاص الذين لديهم خلفيات وخبرات مختلفة عن خلفياتك وخبراتك. بدلاً من التمسك بما تعرفه، تعلم التعامل مع اللقاءات الجديدة بعقل متفتح وفضولي. اطرح أسئلة واستمع بعناية، وكن منفتحًا على وجهات النظر التي قد تتحدى افتراضاتك. من خلال توسيع دائرة اتصالاتك، ستكتسب رؤى جديدة قيمة وتوسع آفاقك بطرق لم تكن تتخيلها من قبل.

تتطلب كل هذه الاستراتيجيات الممارسة والصبر والمثابرة. بناء شبكة قوية لا يحدث بين عشية وضحاها ــ إنه جهد متضافر ينمو بمرور الوقت. ولكن من خلال اتخاذ خطوات

متعمدة للوصول إلى الآخرين والاستثمار في العلاقات، ستجد تدريجياً أن دائرتك تتوسع وتتعمق تدريجياً. وكلما نمت شبكتك، ستنمو الفرص المتاحة لك أيضًا.

طبعاً، بناء شبكة قوية هو مجرد نصف المعركة ــ ما لم تتعلم كيفية الاستفادة من هذه الاتصالات بشكل فعال، فإن جهودك ستضيع سدى. في القسم التالي، سنناقش بعض الطرق العملية لتسخير قوة شبكتك لخلق فرص جديدة وتعزيز نجاحك كصانع حظ.

فن صناعة الحظ : كيف تخلق فرصك الخاصه وتحقق النجاح في عالم متغير

تسخير قوة شبكتك

بناء شبكة قوية هو الخطوة الأولى ـ لكن الخطوة التالية هي تعلم كيفية الاستفادة من هذه الاتصالات بطرق هادفة ومفيدة لجميع الأطراف. إليك بعض الاستراتيجيات لمساعدتك على البدء:

كن واضحًا بشأن أهدافك وقيمك. قبل أن تبدأ في الوصول إلى شبكتك، من المهم أن تكون واضحًا بشأن ما تحاول تحقيقه وما الذي تمثله. ما هي رؤيتك لحياتك المهنية؟ ما هي المهارات والمواهب الفريدة التي تجلبها إلى الطاولة؟ ما هي القيم التي توجه قراراتك وتفاعلاتك؟ عندما يكون لديك إحساس قوي بالذات والغرض، سيكون من الأسهل التواصل بشكل أصيل مع الآخرين وجذب الفرص التي تتماشى مع أهدافك.

كن محددًا في طلباتك. عندما تتواصل مع أشخاص في شبكتك، كن واضحًا ومباشرًا بشأن ما تأمل في تحقيقه. سواء كنت تبحث عن نصيحة حول مشروع، أو ترغب في التعرف على شخص ما في صناعتك، أو تتطلع لفرصة تعاون، فكن محددًا قدر الإمكان حول ما تطلبه وكيف يمكن للشخص الآخر مساعدتك. كلما كنت أكثر وضوحًا في التواصل، كان من الأسهل على الأشخاص مساعدتك بطرق مجدية.

قدم قيمة مقابل. تذكر أن الشبكات الفعالة هي شارع ذو اتجاهين ـ لا يمكنك دائمًا أن تطلب المساعدة دون أن تكون على استعداد لتقديم شيء في المقابل. قبل الوصول إلى اتصال، فكر في الطرق التي يمكنك من خلالها إضافة قيمة إلى حياتهم المهنية أو الشخصية. ربما لديك مهارة أو معرفة خاصة يمكنك مشاركتها، أو ربما يمكنك تقديمهم إلى شخص مهم في شبكتك، أو ربما يمكنك ببساطة تقديم كلمات داعمة أو تشجيعية عندما يمرون بوقت عصيب. من خلال التعامل مع علاقاتك بروح العطاء والكرم، ستجد أن الأشخاص أكثر استعدادًا لمد يد العون عندما تحتاج إليها.

كن حريصًا على المتابعة وإظهار الامتنان. إذا قدم لك شخص ما معروفًا أو مساعدة،
فمن المهم أن تقوم بالمتابعة وتعبر عن تقديرك. اكتب ملاحظة شكر، وأطلعهم على التقدم
الذي أحرزته، وابقهم على اطلاع بنجاحاتك. ليس عليك فقط أن تظهر امتنانك ـ فالاستمرار
في تقديم التحديثات يساعد أيضًا على تعزيز العلاقة بمرور الوقت. كلما كنت أفضل في تقدير
الأشخاص في شبكتك وتقديم التحديثات، زادت احتمالية تكرار الاتصال وتوطيد العلاقة.
استمر في الاستثمار في شبكتك بمرور الوقت. الشبكات القوية لا تبنى بين عشية
وضحاها ـ فهي تتطلب العناية والاهتمام المستمر. حتى عندما لا تطلب شيئًا محددًا، استثمر
بعض الوقت في التواصل مع الأشخاص في شبكتك وتعميق تلك الروابط. أرسل مقالة ذات
صلة بمحادثة أجريتها مؤخرًا، أو اطرح سؤالاً لبدء نقاش، أو ببساطة تواصل للاطمئنان
والاجتماع لتناول القهوة. كلما حافظت على هذه العلاقات حية ونشطة، كلما أصبحت أقوى
وأكثر قيمة بمرور الوقت.
في نهاية المطاف، تتعلق الشبكات الفعالة بالعلاقات ـ وتتطلب العلاقات القوية
الاستثمار الحقيقي والرعاية. من خلال تكريس الوقت والطاقة لبناء اتصالات أصيلة ومفيدة
للطرفين، ستبني بثبات أصلاً لا يقدر بثمن سيدعمك في كل خطوة على الطريق. سواء كنت
تتطلع لتغيير المسار الوظيفي، أو إطلاق مشروع جديد، أو ببساطة إيجاد طريقك في عالم
سريع التغير باستمرار، فإن شبكتك ستكون بمثابة بوصلتك ونظام دعمك وحبل إنقاذك.

أمثلة من العالم الحقيقي على قوة الشبكات

مثال مثير للاهتمام على قوة الشبكات هو قصة جون تشامبرز، الرئيس التنفيذي السابق لشركة سيسكو سيستمز. عندما أصبح تشامبرز الرئيس التنفيذي في عام 1995، كانت سيسكو شركة متوسطة الحجم تركز على تصنيع معدات الشبكات. لكن تشامبرز كان لديه رؤية أكبر بكثير ـ أراد أن يحول سيسكو إلى شركة رائدة في مجال التكنولوجيا تشكل مستقبل الإنترنت.

لتحقيق هذه الرؤية، استخدم تشامبرز شبكته بشكل استراتيجي للغاية. عقد اجتماعات منتظمة مع كبار قادة الصناعة والمفكرين، واستمع بعناية لأفكارهم حول اتجاه التكنولوجيا. كما أنشأ مجموعة استشارية من الخبراء الخارجيين لتقديم رؤى حول الاتجاهات الناشئة وفرص النمو. من خلال الاستماع باهتمام لمجموعة متنوعة من وجهات النظر، تمكن تشامبرز من توقع التحولات الرئيسية في السوق والتكيف بسرعة مع بيئة الأعمال سريعة التطور.

لكن تشامبرز لم يكتفِ بجمع الأفكار ـ بل سخر أيضًا شبكته لتشكيل شراكات وتحالفات استراتيجية. تحت قيادته، أبرمت سيسكو صفقات مع بعض أكبر اللاعبين في مجال التكنولوجيا، بما في ذلك مايكروسوفت وإنتل وهيوليت باكارد. من خلال الجمع بين الموارد والخبرات، تمكنت هذه الشراكات من تسريع الابتكار وتوسيع نطاق وصول سيسكو إلى السوق بشكل كبير.

نتيجة لنهج تشامبرز الاستراتيجي في الشبكات، نمت سيسكو لتصبح إحدى أكبر شركات التكنولوجيا في العالم، حيث حققت إيرادات سنوية بلغت 49 مليار دولار في عام 2020. إرث تشامبرز هو شهادة على القوة التحويلية للشبكات ـ وكيف يمكن للتعاون والشراكة الاستراتيجية إطلاق العنان لإمكانات النمو الهائلة.

مثال آخر ملهم هو ليز موراي، الروائية الأسترالية البارزة التي تغلبت على صعوبات لا يمكن تصورها لتحقيق أحلامها. بعد فرارها من منزل مسيء في سن المراهقة، وجدت موراي نفسها بلا مأوى، وتكافح من أجل البقاء على قيد الحياة في شوارع سيدني. لكنها لم تستسلم أبدًا لحلمها في أن تصبح كاتبة ـ وببطء، بدأت في بناء شبكة من الأشخاص الذين آمنوا بموهبتها وإمكاناتها.

إحدى أهم هذه العلاقات كانت مع معلمها في المدرسة الثانوية، الذي شجعها على مواصلة الكتابة ورشحها لبرنامج للشباب الموهوبين. من خلال هذا البرنامج، تعرفت موراي على مرشد أصبح صديقًا مدى الحياة ومصدر دعم لا يقدر بثمن. كما بدأت في الاتصال بالكتاب الآخرين والمحررين في المجتمع الأدبي في سيدني، وتطوعت في المهرجانات الأدبية وحضرت القراءات كلما أمكن ذلك.

ببطء ولكن بثبات، بنت موراي شبكة من الأشخاص الذين آمنوا بها وقدموا لها الفرص. حصلت على منحة لحضور ورشة عمل للكتابة، والتي قدمتها بدورها للحصول على وكيل في عام 1987، وأصبحت على الفور ظاهرة ،"My Place" أدبي. تم نشر روايتها الأولى أدبية، وحصدت العديد من الجوائز المرموقة واستحسان النقاد.

هادي هانز نخله

نجاح موراي هو شهادة على المرونة والمثابرة اللامحدودة للروح الإنسانية. لكنها أيضًا شهادة على أهمية بناء علاقات قوية وداعمة. من خلال الوصول إلى الآخرين والاستثمار في مجتمعها، تمكنت موراي من تجاوز الصعاب التي لا يمكن تصورها وتحقيق أحلامها ضد كل الصعاب. قصتها تذكير قوي بأن الشبكات ليست مجرد أدوات للنجاح المهني ـ إنها أيضًا مصادر حيوية للدعم والإلهام والتمكين الشخصي.

الشبكات كمفتاح لصنع الحظ

على مدار هذا الفصل، استكشفنا الدور الحاسم الذي تلعبه الشبكات في تمكين الأفراد من صنع حظهم وتحقيق نجاح غير عادي. لقد رأينا كيف أن الاتصالات القوية والمتنوعة يمكن أن توفر الأفكار، والموارد، والفرص، والدعم الذي نحتاجه للازدهار في عالم سريع التغير ومترابط بشكل متزايد.

تعلمنا أن بناء شبكة قوية يتطلب نهجًا استباقي ومدروسًا ـ يتطلب الخروج من مناطق راحتنا، والتواصل مع أشخاص جدد، والاستثمار في علاقات مجدية. سواء كان الأمر يتعلق بالوصول إلى الأشخاص في دوائرنا الحالية، أو الانضمام إلى مجتمعات من ذوي التفكير المماثل، أو التواصل مع الأشخاص الذين نعجب بعملهم، هناك العديد من الطرق العملية التي يمكننا من خلالها توسيع شبكاتنا وتعميقها.

لكن بناء شبكة قوية ليس سوى نصف المعركة ـ يجب أن نتعلم أيضًا كيفية الاستفادة من هذه الاتصالات بشكل استراتيجي لتحقيق أهدافنا. هذا يعني أن نكون واضحين بشأن ما نريد تحقيقه، وأن نكون محددين في طلباتنا، وأن نقدم دائمًا قيمة في المقابل. هذا يعني أيضًا أن نكون حريصين على المتابعة، وإظهار الامتنان، والاستمرار في الاستثمار في علاقاتنا بمرور الوقت.

من خلال دراسة أمثلة الأفراد الذين استخدموا شبكاتهم لتحقيق أشياء استثنائية ـ من جون تشامبرز الذي حول سيسكو إلى عملاق للتكنولوجيا، إلى ليز موراي التي تغلبت على مصاعب لا يمكن تصورها لتصبح روائية مشهورة ـ رأينا كيف يمكن للاتصالات القوية أن تكون بمثابة محفز قوي للنمو الشخصي والمهني. تلك الأمثلة هي شهادة على الإمكانات التحويلية لشبكة داعمة ومتعاونة.

ماذا عنك؟ كيف ستبدأ في صنع حظك من خلال قوة الشبكات؟

أيا كانت أهدافك أو تطلعاتك، فإن الخطوة الأولى هي اتخاذ إجراء متعمد. ابدأ صغيراً: تواصل مع زميل تحترم عمله، أو انضم إلى مجموعة لمناقشة موضوع يهمك، أو تتطوع في حدث في مجتمعك. بمرور الوقت، كلما زرعت بذور الاتصالات الجديدة ورعايتها، ستجد شبكتك تنمو وتزدهر بطرق لم تكن تتخيلها.

لكن تذكر، بناء شبكة قوية ليس مجرد وسيلة لتحقيق غاية ـ إنها ممارسة مدى الحياة للفضول، والكرم، والنمو المتبادل. من خلال الالتزام بالاستثمار في علاقاتك ومشاركة مواهبك مع العالم، ستخلق مجتمعًا غنيًا بالإمكانات ـ ليس فقط لنفسك، ولكن لكل من تتصل بهم.

لذا، دع هذا الفصل بمثابة دعوة للتواصل والتعاون على نطاق أوسع. دع الأمر كبوصلة لتوجيهك نحو عالم من الفرص المحدودة التي لا تنتظر سوى أن يتم اكتشافها. مع قوة الشبكات إلى جانبك، لا شيء خارج عن نطاق إمكانياتك. المستقبل ملك لك لتصنعه ـ وهو مشرق لأولئك الذين لديهم الشجاعة والرؤية لبناء الجسور بدلاً من الجدران.

عند التأمل في هذه الأفكار حتى الان، أدعوك للتفكير في كيفية ارتباطها بتجاربك ومسيرتك الخاصة. هل سبق لك أن شهدت قوة عقلية النمو في العمل؟ كيف ساعدتك القدرة على التكيف في التنقل في أوقات عدم اليقين؟ وكيف أثرت شبكتك ـ أو عدم وجودها ـ على فرصك وإنجازاتك؟

بالطبع، التعلم عن هذه المفاهيم هو مجرد بداية ـ التحدي الحقيقي يكمن في وضعها موضع التنفيذ في حياتنا اليومية. لذلك أشجعك على التفكير في خطوة عمل واحدة يمكنك اتخاذها اليوم لبدء تطبيق هذه الأفكار. ربما تبدأ في تبني عقلية النمو من خلال تحدي نفسك بتعلم مهارة جديدة. أو ربما تعمل على تعزيز قدرتك على التكيف من خلال الخروج عن مسارك المعتاد والتجربة. أو ربما حان الوقت للبدء في بناء شبكتك بشكل استراتيجي أكثر، من خلال الوصول إلى شخص تعجب به.

مهما كانت الخطوة التالية بالنسبة لك، تذكر أن رحلة صنع الحظ الخاص بك هي رحلة مدى الحياة. إنها تتطلب الفضول المستمر، والانعكاس الذاتي، والالتزام بالنمو. لكن بتسليحك بالأدوات والاستراتيجيات التي استكشفناها معاً، أنت الآن مجهز بشكل أفضل من أي وقت مضى لتشق طريقك إلى المستقبل الذي تريده.

لذا، وأنت تواصل التقدم من خلال بقية هذا الكتاب ـ والأهم من ذلك، من خلال بقية رحلتك ـ استمر في العودة إلى هذه المفاهيم الأساسية. دعها تكون بمثابة نجوم الشمال الخاصة بك، لتوجيهك وإلهامك بينما تتنقل في المياه غير المعروفة. مع كل تحد تواجهه، مع كل فرصة تغتنمها، مع كل علاقة تبنيها، ستصبح أقوى وأكثر مرونة وترابطاً.

هذه هي جوهر صناعة الحظ ـ ليس انتظار الفرصة، ولكن خلقها بنشاط بكل ما أوتيت من قوة. إنها رحلة تتطلب شجاعة، ومثابرة، وإيماناً لا يتزعزع بالإمكانيات اللانهائية للنمو الإنساني. لكنها أيضاً مغامرة لا مثيل لها، تعد بمكافآت تتجاوز أجرأ أحلامك.

أنا ممتن لأنني أشاركك في هذه الرحلة ـ ولا يسعني الانتظار لمعرفة الاكتشافات المذهلة والإنجازات التي ستحققها. لنواصل هذا الزخم الإيجابي ولنستعد للغوص في الفصل التالي، حيث سنستكشف موضوعاً جديداً ومثيراً: المثابرة الذكية. حتى ذلك الحين، استمر في التعلم، والنمو، وصنع حظك الخاص. المستقبل ينتمي لأولئك الذين لديهم الرؤية والشجاعة لإعادة تشكيله.

الفصل الرابع: المثابرة الذكية

القوة المحركة وراء النجاح الدائم

عندما نفكر في الأفراد الذين حققوا إنجازات استثنائية ـ سواء في الأعمال التجارية، أو الفنون، أو العلوم، أو الرياضة ـ غالبًا ما نتخيل أنهم يتمتعون بمواهب فريدة أو قدرات خارقة. نتخيل أنهم مباركون بنوع من الحظ السحري الذي يسمح لهم بالتغلب على الصعاب والارتقاء إلى العظمة بسهولة.

لكن الحقيقة هي، وراء كل قصة نجاح، هناك قصة عن المثابرة. إنها قصة شخص واجه عقبات وتحديات لا حصر لها، لكنه رفض الاستسلام. إنها قصة شخص استمر في الضغط للأمام، حتى عندما بدت الصعاب شاقة. إنها قصة شخص آمن برؤيته وغرضه بعمق لدرجة أنه كان على استعداد للقيام بكل ما يلزم لتحقيقهما.

هذا النوع من المثابرة ـ المثابرة التي تتحدى المنطق وتتجاوز الشدائد ـ هو القوة المحركة وراء كل إنجاز دائم تقريبًا. إنه المكون السري الذي يفصل أولئك الذين ينجحون عن أولئك الذين يفشلون، أولئك الذين يحققون أهدافهم عن أولئك الذين يتخلون ويستسلمون.

فكر في الروائية البريطانية العظيمة، جي كي رولينج. قبل أن تصبح واحدة من أكثر المؤلفين نجاحًا ومبيعًا في التاريخ، كانت رولينج أمًا عزباء تكافح للتغلب على الفقر والاكتئاب الحاد. تم رفض مخطوطة روايتها الأولى "هاري بوتر وحجر الفيلسوف" من قبل اثني عشر ناشرًا قبل أن يقبلها أحدهم أخيرًا ـ وحتى ذلك الحين، تم تحذيرها من أنه من غير المرجح أن تحقق نجاحًا كبيرًا. لكن رولينج لم تستسلم أبدًا. استمرت في الكتابة، وصقل حرفتها، والإيمان برؤيتها. والباقي، كما يقولون، هو تاريخ.

أو ضع في اعتبارك قصة الراحل ستيف جوبز، الشريك المؤسس والرئيس التنفيذي السابق لشركة أبل. في عام 1985، تعرض جوبز لصدمة عندما تم طرده من شركته الخاصة بعد نزاع داخلي. كان يمكن أن يكون هذا ضربة قاضية، لكن جوبز لم يستسلم. أسس شركة واستمر في الابتكار وتحدي الوضع الراهن في مجال التكنولوجيا. بعد أكثر من NeXT، جديدة، وقاد تحولها إلى إحدى أكثر الشركات نجاحًا وابتكارًا Apple، من عقد من الزمان، عاد إلى في العالم.

ما الذي يمكننا تعلمه من أمثال رولينج وجوبز؟ إنه في مواجهة الشكوك، والمحن، وحتى الفشل الذريع، فإن القدرة على المثابرة هي التي تحدد النجاح في نهاية المطاف. إنها ليست فقط حول العمل بجد ـ بل هي قدرة استراتيجية ومدروسة على تجاوز العقبات، والتعلم من الانتكاسات، وإيجاد طرق جديدة للمضي قدمًا حتى عندما تبدو كل الاحتمالات ضدك.

بعبارة أخرى، إن المثابرة الذكية ـ المثابرة المقترنة بالمرونة، والمرونة، والنمو، والوعي الذاتي ـ هي الصفة المميزة للأشخاص الذين يصنعون حظهم. إنها تسمح لهم

بتحويل العقبات إلى منصات قفز، وتحويل الإخفاقات إلى فرص، وتحويل الأحلام المستحيلة إلى واقع ملموس.

في هذا الفصل، سنغوص بعمق في مفهوم المثابرة الذكية، مستكشفين السمات والعادات التي تميز أولئك الذين يتقنون هذه المهارة الحيوية. سنناقش الفرق بين المثابرة الحكيمة والعناد الأعمى، وكيف يؤدي الأول إلى النمو والازدهار بينما يؤدي الآخر إلى الركود. سنتعلم استراتيجيات عملية لتطوير عقلية مثابرة، وتعزيز مرونتنا، والحفاظ على تركيزنا ودافعنا في مواجهة الشدائد.

لذا، سواء كنت تواجه تحديًا كبيرًا، أو تعمل على هدف طموح، أو ببساطة تتطلع إلى بناء قدرتك على الصمود، فاستعد للغوص. من خلال إتقان فن المثابرة الذكية، ستكتسب أداة قوية لصنع الحظ ـ أداة يمكنها حرفياً تغيير مسار حياتك.

المثابرة الذكية مقابل المثابرة العمياء: فهم الاختلافات

غالبًا ما يتم الخلط بين المثابرة والعناد، ويُنظر إليهما على أنهما متشابهان. في النهاية، كلاهما ينطوي على الاستمرار في المضي قدمًا في مواجهة الصعوبات، أليس كذلك؟ لكن في الواقع، هناك فرق جوهري بين المثابرة الذكية والمثابرة العمياء ـ فرق يمكن أن يحدد ما إذا كان سعيك سيؤدي في النهاية إلى النجاح أو الفشل.

لفهم هذا الفرق، دعنا نتخيل سيناريو هين:

في السيناريو الأول، تقرر بدء عمل تجاري جديد. لقد وضعت خطة، وجمعت الأموال، وبدأت تنفيذ رؤيتك. لكن بعد بضعة أشهر، تواجه عقبة كبيرة ـ ربما منافسًا جديدًا دخل السوق، أو خسرت عميلاً رئيسيًا، أو واجهت تحديات غير متوقعة مع منتجك. في هذا السيناريو، تظهر المثابرة العمياء في شكل التمسك بخطتك الأصلية بغض النظر عن العواقب. أنت تستمر في دفع للأمام، متجاهلاً الإشارات التحذيرية، ورافضًا تعديل مسارك. أنت مقتنع بأنه إذا عملت بجدية كافية، فستتغلب على أي عقبة من خلال القوة الغاشمة وحدها.

أما في السيناريو الثاني، فإنك تواجه نفس العقبة ـ لكن بدلاً من المضي قدمًا بشكل أعمى، تتوقف وتقيّم الموقف. أنت تجمع البيانات، وتحلل ما يعمل وما لا يعمل، وتبحث عن ملاحظات من الآخرين. أنت منفتح على إمكانية أن خطتك الأصلية قد تحتاج إلى بعض التعديل في ضوء الظروف الجديدة. بدلاً من التمسك بنهج فاشل، فأنت تتكيف وتتكيف، وتبحث عن طرق مبتكرة للتغلب على التحدي. أنت لا تزال مثابرًا ـ أنت لا تستسلم ـ لكن مثابرتك مدروسة ومرنة.

هذا هو الفرق الرئيسي بين المثابرة العمياء والمثابرة الذكية. المثابرة العمياء تتمسك بمسارها بغض النظر عن النتائج، وترفض التكيف أو التغيير حتى عندما يكون واضحًا أن

النهج لا ينجح. إنها نوع من التفكير الذي يعتبر التراجع أو التعديل علامة على الضعف، ويؤمن بأن العمل الجاد وحده كافٍ للتغلب على أي عقبة.

من ناحية أخرى، تتميز المثابرة الذكية بالمرونة والتكيف. إنه يعترف بأن الظروف يمكن أن تتغير، وأن الاستراتيجيات التي نجحت في الماضي قد لا تعمل في المستقبل. بدلاً من التمسك بخطة فاشلة، تنطوي المثابرة الذكية على الاستعداد للتعديل، والتكرار، وحتى تغيير المسار تمامًا إذا لزم الأمر. إنها تستمد البيانات والملاحظات باستمرار، وتستخدم هذه المعلومات لتحسين النهج وتحقيق أقصى قدر من فرص النجاح.

هذا لا يعني أن المثابرة الذكية تتخلى عن الأهداف أو الطموحات بسهولة. إنه لا يزال يتضمن الالتزام العميق والتصميم. لكنها تقترن هذا الالتزام بالوعي الذاتي، والتعلم المستمر، والاستعداد للنمو والتطور. إنه يدرك أن التحديات غالبًا ما تكون فرصًا متنكرة ـ فرصًا لاكتساب المعرفة الجديدة، وتطوير المهارات الجديدة، وإيجاد طرق جديدة للتقدم.

عندما تتقن هذا النوع من المثابرة الاستراتيجية والمرنة، ستكتسب قوة هائلة. بدلاً من أن تكون عرضة للإحباط أو الهزيمة بسبب العقبات، ستتعلم النظر إليها على أنها فرص للنمو. ستطور القدرة على التحمل تحت الضغط، والمضي قدمًا في مواجهة الشكوك، وإيجاد طرق مبتكرة لتحقيق أهدافك. ستصبح، بمعنى الكلمة، لا يمكن إيقافك.

في الأقسام التالية، سنستكشف بعض الاستراتيجيات المحددة لتطوير عقلية مثابرة ذكية. من خلال دمج هذه الممارسات في حياتك، ستتمكن من تحويل العقبات إلى منصات قفز، وتحويل التحديات إلى فرص، وتحقيق نجاح مستدام في مواجهة الشدائد. إنها ليست رحلة سهلة ـ لكنها رحلة يمكن للجميع التعهد بها. كل ما يتطلبه الأمر هو الالتزام، والشجاعة، والاستعداد للنمو.

استراتيجيات لتعزيز المثابرة الذكية

تطوير المثابرة الذكية هو مهارة يمكن تعلمها وممارستها بمرور الوقت. على الرغم من أن بعض الأشخاص قد يبدو أنهم يتمتعون بقدرة فطرية على المثابرة في مواجهة الشدائد، إلا أن الحقيقة هي أن أي شخص يمكنه تعزيز قدرته على الصمود والتكيف. إنه يتطلب الوعي الذاتي، والالتزام، والممارسة المتعمدة.

فيما يلي بعض الاستراتيجيات لمساعدتك على البدء:

تبني عقلية النمو

تتطلب المثابرة الذكية إيمانًا راسخًا بقدرتك على التعلم والتحسن. بدلاً من رؤية التحديات كتهديدات، يجب أن تنظر إليها كفرص للنمو. عندما تواجه عقبة، اسأل نفسك: "ماذا يمكنني أن أتعلم من هذا؟ كيف يمكنني استخدام هذه التجربة لأصبح أقوى وأكثر مرونة؟" من

خلال تبني موقف فضولي ومنفتح على الخبرات الجديدة، ستطور القدرة على المثابرة حتى في أصعب الظروف.

تعيين أهداف مرنه

المثابرة تتطلب وجود هدف واضح ومركّز ـ لكن هذا لا يعني أن أهدافك يجب أن تكون جامدة. في الواقع، من المهم أن تظل مرناً وقابلاً للتكيف مع تغير الظروف. بدلاً من التمسك بخطة محددة بشكل صارم، حدد اتجاهاً عامًا وكن مستعدًا لتعديل مسارك حسب الضرورة. ركز على التقدم بدلاً من الكمال، واحتفل بالنجاحات الصغيرة على طول الطريق.

تطوير المرونة العاطفية

المثابرة ليست فقط مسألة قوة إرادة ـ إنها أيضًا تتطلب قدرة على إدارة العواطف في مواجهة الضغوط. عندما تواجه انتكاسة أو تحديًا، من الطبيعي أن تشعر بالإحباط أو القلق أو حتى الخوف. لكن المفتاح هو عدم السماح لهذه المشاعر بالسيطرة عليك. بدلاً من ذلك، تعلم التعرف على مشاعرك وتقبلها، مع الحفاظ على منظور إيجابي. مارس تقنيات إدارة الإجهاد، مثل التنفس العميق أو التأمل، للبقاء هادئًا ومركزًا في مواجهة الشدائد.

بناء شبكة دعم قويه

لا أحد يستطيع تحقيق العظمة بمفرده. لتعزيز المثابرة الذكية، من المهم إحاطة نفسك بالأشخاص الذين يؤمنون بك ويدعمونك. قم ببناء علاقات مع الأفراد الذين يتحدونك للنمو، ويقدمون لك ملاحظات صادقة، ويشجعونك عندما تكافح. سواء كانوا أفراد العائلة، أو الأصدقاء، أو المرشدين، أو الزملاء، فإن وجود نظام دعم قوي يمكن أن يوفر الثبات والقوة في الأوقات الصعبة.

مارس التأمل الذاتي

المثابرة الذكية تتطلب وعيًا ذاتيًا عميقًا ـ القدرة على تقييم نقاط القوة والضعف لديك بصدق، والتعلم من التجارب، وإجراء تعديلات حسب الضرورة. خصص وقتًا بانتظام للتأمل في أدائك، وطرح أسئلة صعبة، والبحث عن طرق لتحسين نهجك. اكتب في دفتر يوميات، أو تحدث مع صديق موثوق به، أو ببساطة خذ بعض الوقت للتفكير الهادئ. كلما زاد وعيك بنفسك، كنت أكثر قدرة على التكيف والتطور في مواجهة التحديات.

احتفي بالفشل كفرصة للتعلم

الفشل هو جزء لا مفر منه من أي مسعى جدير بالاهتمام ـ لكن الطريقة التي تستجيب بها للفشل هي التي تحدد نجاحك في النهاية. بدلاً من الخوف من الفشل أو تجنبه، تعلم احتضانه كفرصة للنمو. عندما تواجه انتكاسة، اطرح الأسئلة التالية: ما الذي يمكنني تعلمه من هذه التجربة؟ كيف يمكنني استخدام هذه المعرفة لتحسين نهجي في المستقبل؟ من خلال تبني موقف إيجابي تجاه الفشل، ستطور المرونة العقلية للمثابرة حتى في مواجهة أكبر الانتكاسات.

تذكر، تطوير المثابرة الذكية هي رحلة مدى الحياة. لن يحدث ذلك بين عشية وضحاها، وسيتطلب الممارسة المستمرة والجهد المتضافر. لكن بإدماج هذه الاستراتيجيات في حياتك شيئًا فشيئًا، ستبدأ في بناء العقلية والعادات اللازمة للمثابرة في مواجهة أي تحد.

أمثلة على المثابرة الذكية في العمل

على مر التاريخ، كان هناك العديد من الأمثلة المذهلة للأفراد الذين تغلبوا على عقبات لا يمكن تصورها من خلال مزيج من الالتزام الثابت والتكيف المرن. من خلال دراسة قصصهم، يمكننا اكتساب رؤى قيّمة حول ما يتطلبه الأمر حقًا للمثابرة في مواجهة الصعاب وتحقيق نجاح مستدام.

فكر في نيلسون مانديلا، الزعيم الثوري وأول رئيس أسود لجنوب إفريقيا. خلال كفاحه ضد نظام الفصل العنصري القمعي في البلاد، سُجن مانديلا لمدة 27 عامًا. واجه ظروفًا لا إنسانية، والتعذيب الجسدي والعقلي، والعزلة الكاملة عن العالم الخارجي. لكن على الرغم من كل هذه المحن، لم يتخلَ مانديلا أبدًا عن التزامه بقضية العدالة والمساواة.

لكن مثابرة مانديلا لم تكن مجرد عناد أعمى. حتى وهو في السجن، ظل يتكيف ويتطور في نهجه. درس القانون، وتعلم لغة الأفريكانية (لغة آسريه البيض)، وشارك في المفاوضات مع حراسه. عندما أُطلق سراحه أخيرًا في عام 1990، كان مستعدًا لقيادة بلاده في مرحلة انتقالية حاسمة، مستخدمًا مزيجًا من المبادئ الثابتة والدبلوماسية الماهرة لإرشاد جنوب إفريقيا نحو الديمقراطية.

أو ضع في اعتبارك فريدا كاهلو، الرسامة المكسيكية الشهيرة. في سن الثامنة عشرة، تعرضت كاهلو لحادث تحطم حافلة مروع كاد يودي بحياتها. أصيبت بكسر في العمود الفقري، وحوض مكسور، وإصابات داخلية بالغة. أخبرها الأطباء أنها قد لا تمشي مرة أخرى أبدًا، ناهيك عن ممارسة الفن. لكن كاهلو رفضت قبول هذا الحكم. من سريرها، بدأت في الرسم ـ في البداية كوسيلة للتسلية أثناء التعافي، ولكن في النهاية كتعبير عن آلامها الجسدية والعاطفية العميقة.

على مدى العقود التالية، استمرت كاهلو في الرسم على الرغم من المعاناة المستمرة من الألم والمرض. غالبًا ما كانت تضطر للرسم من الفراش، مستخدمة مرآة مثبتة فوق رأسها. لكن على الرغم من التحديات الجسدية الهائلة، أنتجت بعضًا من أكثر الأعمال الفنية المؤثرة والمدهشة في القرن العشرين. لقد حولت معاناتها إلى فن، مستخدمة إبداعها كوسيلة للتغلب على ألمها والتعبير عن روحها التي لا تقهر.

أخيرًا، فكر في ستيفن هوكينغ، عالم الفيزياء النظرية والكاتب. في سن 21، تم تشخيص إصابة هوكينغ بمرض العصبون الحركي، وهو اضطراب عصبي مميت يسبب ضمورًا عضليًا تدريجيًا. أخبره الأطباء أنه لن يعيش أكثر من بضع سنوات. لكن هوكينغ رفض الاستسلام. على الرغم من تدهور حالته البدنية باطراد، واصل عمله الرائد في مجال الثقوب السوداء ونشأة الكون.

مع تقدم مرضه، كان على هوكينغ باستمرار التكيف وإيجاد طرق جديدة للتواصل والعمل. استخدم في النهاية كمبيوتر يتحكم فيه عن طريق حركات عضلات خده الدقيقة للتحدث والكتابة. لكنه لم يسمح لإعاقته أبدًا بإبطاء عقله المذهل. على مدى أكثر من خمسة عقود، أنتج هوكينغ اكتشافات ثورية، ونشر كتبًا مبيعه، ونال العديد من أعلى الأوسمة في المجتمع العلمي.

فن صناعة الحظ : كيف تخلق فرصك الخاصه وتحقق النجاح في عالم متغير

ما الذي يمكننا تعلمه من أمثلة مانديلا، كاهلو، و هوكينج؟ أولاً وقبل كل شيء، إنهم يظهرون لنا أن المثابرة ليست مجرد صفة نمتلكها أو لا نمتلكها ـ إنها اختيار نتخذه، يومًا بعد يوم، لمواصلة المحاولة رغم كل الصعاب. إنهم يذكروننا أن حتى أعظم التحديات يمكن التغلب عليها من خلال مزيج من العزيمة الصلبة و التكيف المبتكر. فوق كل شيء، إنهم يُظهرون لنا أن جوهر المثابرة الذكية ليس التركيز الضيق أو الالتزام العنيد بهدف واحد، ولكن القدرة على التعلم، و التطور، و النمو في مواجهة الشدائد.

في هذا الصدد، تعد المثابرة الذكية أكثر من مجرد استراتيجية للنجاح ـ إنها طريقة حياة. إنها وعد بأننا لن نسمح للعقبات بتحديد مصيرنا، وأننا سنستمر في المحاولة، والتأقلم والازدهار بغض النظر عما يضعه العالم في طريقنا. وبهذه الروح، يمكننا جميعًا أن نتعلم كيفية المثابرة مثل مانديلا، وكاهلو، و هوكينج ـ ليس فقط للبقاء على قيد الحياة، ولكن للارتقاء وإلهام الآخرين بمثالنا.

تحويل العقبات إلى منصات قفز

على مدار هذا الفصل، استكشفنا مفهوم المثابرة الذكية ـ تلك المزيج القوي من الالتزام الراسخ والمرونة الاستراتيجية الذي يسمح للأفراد بتحقيق أهداف استثنائية في مواجهة الصعاب الهائلة. رأينا كيف تختلف المثابرة الذكية عن العناد الأعمى، وكيف يمكن للمرء أن يتعلم التكيف والتطور بمرور الوقت مع الحفاظ على التركيز والعزم

لقد تعلمنا أن تنمية المثابرة الذكية تتطلب نهجًا متعدد الأوجه. يبدأ الأمر بتبني عقلية النمو ـ الإيمان بأن قدراتنا ليست ثابتة، ولكن يمكن تطويرها من خلال الجهد والممارسة. يتطلب الأمر أيضًا وضع أهداف مرنة، والحفاظ على المرونة العاطفية في مواجهة الإجهاد، وبناء شبكة دعم قوية، والانخراط في التأمل الذاتي المنتظم. فوق كل شيء، يتطلب الأمر الاستعداد لاحتضان الفشل كفرصة للتعلم والنمو.

من خلال دراسة أمثلة الأفراد الذين جسدوا روح المثابرة الذكية ـ من نيلسون مانديلا إلى فريدا كاهلو وستيفن هوكينغ ـ رأينا كيف يمكن للمرء أن يتغلب على أكبر العقبات من خلال مزيج من المرونة العقلية والمرونة الإبداعية. قصصهم هي شهادة على القوة التحويلية للمثابرة، وإلهام لنا جميعًا لمواصلة المحاولة في مواجهة الشدائد.

لكن في النهاية، المثابرة الذكية هي أكثر من مجرد وسيلة لتحقيق هدف ـ إنها طريقة حياة. إنها تتعلق بتبني موقف لا يقهر في مواجهة التحديات، ورؤية العقبات كفرص للنمو، والالتزام بعملية التعلم والتحسين المستمر. إنها تدور حول الوقوف في مواجهة الاحتمالات المستحيلة والرفض القاطع للاستسلام.

عندما تتبنى هذه العقلية، ستبدأ في رؤية العالم بشكل مختلف. بدلاً من الخوف من التحديات، ستبدأ في البحث عنها بفارغ الصبر. بدلاً من الشعور بالإحباط من النكسات، ستتعلم النظر إليها كخطوات ضرورية على طريق النجاح. بدلاً من الاستسلام في مواجهة الصعوبات، ستجد طرقًا مبتكرة للتكيف والتغلب عليها.

بالطبع، لن يكون الأمر سهلاً دائمًا. ستكون هناك أوقات تشعر فيها بالإرهاق، والإحباط، وحتى اليأس. ستكون هناك لحظات تتساءل فيها عما إذا كان كل هذا الجهد يستحق

العناء. لكن في تلك اللحظات، تذكر قصص الأشخاص الذين جاؤوا من قبلك ــ الرجال والنساء الذين واجهوا مصاعب لا توصف ولكنهم رفضوا الاستسلام. استمد القوة من مثالهم، وتذكر أنك لست وحدك في هذه الرحلة.

في النهاية، المثابرة الذكية هي حول الإيمان ــ الإيمان بنفسك، وبأهدافك، وبقدرتك اللامحدودة على النمو والتطور. إنه يتعلق باختيار الأمل في مواجهة اليأس، والشجاعة في مواجهة الخوف، والمرونة في مواجهة الشدائد.

لذا، مهما كان الهدف الذي تسعى إليه، أو التحدي الذي تواجهه، تذكر أنه بإمكانك المثابرة. لديك القوة، والمهارات، والقدرة على التحمل لتحويل العقبات إلى منصات قفز وتحقيق أشياء استثنائية. كل ما يتطلبه الأمر هو الإيمان لتخطو الخطوة الأولى، والالتزام بمواصلة المسيرة حتى النهاية.

في الختام، تتطلب صناعة الحظ أكثر من مجرد أحلام كبيرة أو أفكار ملهمة ــ فهي تتطلب القدرة على تحويل تلك الأحلام إلى واقع ملموس من خلال العمل الجاد المستدام والالتزام الذي لا يلين. هذا هو جوهر المثابرة الذكية ــ القوة المحركة التي تدفعنا إلى الأمام في مواجهة المستحيل، والإيمان الذي يحافظ على مضينا حتى عندما يبدو كل شيء ضدنا. لذلك، وأنت تمضي قدمًا في رحلة صنع الحظ الخاصة بك، تذكر أن تتحلى بالمثابرة في قلبك دائمًا. دعها تكون بوصلتك في الأوقات العصيبة، وصخرتك في مواجهة الشدائد، ودليلك النجمي الذي يقودك نحو آفاق جديدة من الاحتمالات. مع المثابرة الذكية إلى جانبك، لا يوجد شيء خارج نطاق قدراتك ــ ولا يوجد حد لما يمكنك تحقيقه.

الفصل الخامس: تصميم حياتك

أهمية التصميم المتعمد للحياة

في خضم الحياة اليومية المزدحمة، من السهل الانجراف في تيار المسؤوليات والالتزامات دون التوقف للتفكير في الاتجاه الذي نسير فيه. نستيقظ، ونذهب إلى العمل، ونهتم بعائلاتنا، ونطوي أنفسنا في روتين لا نهاية له، ونأمل فقط في الأفضل. لكن مع مرور الوقت، قد نجد أنفسنا نشعر بعدم الرضا، أو الإرهاق، أو حتى الضياع ـ كما لو أننا فقدنا الاتصال بإحساسنا الأعمق بالغرض والاتجاه.

هنا تأتي أهمية تصميم حياتك بشكل استراتيجي. بدلاً من السماح للظروف الخارجية بتشكيل مسارنا، يتضمن تصميم الحياة اتخاذ خطوات متعمدة لخلق وجود يتماشى مع قيمنا وأهدافنا وتطلعاتنا. إنه يتعلق بتولي زمام الأمور في حياتنا، وصياغة رؤية واضحة لما نريد تحقيقه، ووضع خطة لتحويل تلك الرؤية إلى واقع.

فكر في الأمر مثل بناء منزل. لن تبدأ ببساطة في وضع الطوب دون خطة أو تصميم ـ فهذا من شأنه أن يؤدي إلى هيكل غير مستقر وغير وظيفي. بدلاً من ذلك، ستبدأ بوضع مخطط، مع مراعاة احتياجاتك وأسلوب حياتك وتفضيلاتك الجمالية. ستعمل مع مهندس معماري لتحويل رؤيتك إلى مخطط، وستضع خطة لكل مرحلة من مراحل عملية البناء. وبالمثل، فإن تصميم حياتك يتطلب التفكير المتأني، والتخطيط الاستراتيجي، والعمل المتعمد لبناء الأساس لمستقبل مُرضٍ ومثمر.

بالطبع، على عكس بناء منزل، لا يوجد تصميم أو خطة "صحيحة" واحدة للحياة. ما يجعلك سعيدًا ومكتفيًا قد يكون مختلفًا تمامًا عما يريده شخص آخر. هذا هو جمال تصميم الحياة ـ إنه يسمح لك بإنشاء مسار فريد يناسب شخصيتك ورغباتك الفريدة.

على الرغم من ذلك، هناك بعض المبادئ والاستراتيجيات العامة التي يمكن أن تساعد أي شخص في رسم مسار هادف ومُرضٍ. في هذا الفصل، سنستكشف بعض الأدوات والتقنيات الأساسية لتصميم الحياة، من وضع رؤية ملهمة إلى تحديد الأهداف، وتطوير خطة عمل، والتنقل في التحولات الحياتية الرئيسية. سواء كنت في بداية رحلتك المهنية، أو تتطلع إلى تغيير منتصف الحياة، أو ببساطة تسعى لخلق المزيد من التوازن والرضا في حياتك اليومية، فإن هذه المبادئ يمكن أن تساعدك على الشعور بقدر أكبر من السيطرة والغرض.

ومع ذلك، فمن المهم أن نتذكر أن تصميم الحياة ليس حدثًا لمرة واحدة، بل هو ممارسة مدى الحياة. مع استمرار نمونا وتطورنا، ستتطور رؤيتنا وأهدافنا بالضرورة. سنواجه تحديات غير متوقعة، ونقوم بتحولات مفاجئة، وننمو بطرق لم نكن نتخيلها من قبل. الحياة، في النهاية، فوضوية ويمكن التنبؤ بها فقط إلى حد ما. لكن من خلال تبني موقف متعمد ومرن لتصميم الحياة، يمكننا التعلم من أجل التنقل في هذا عدم اليقين بثقة وصلابة أكبر، مسلحين بإحساس واضح بالغرض والاتجاه.

إذاً، سواء كنت تسعى لبناء حياة مهنية مُرضية، أو خلق علاقات أعمق، أو تحقيق المزيد من التوازن والرفاهية، فإن مبادئ تصميم الحياة يمكن أن تساعدك على تحقيق هذا. من خلال اتخاذ خطوات متعمدة لبناء وجود يتماشى مع قيمك وتطلعاتك، يمكنك أن تصبح المهندس المعماري النشط لحياتك الخاصة ـ وتخلق مستقبلاً مليئًا بالإمكانات اللانهائية.

خلق رؤية ملهمة

قبل أن تبدأ في وضع الأهداف أو التخطيط للمستقبل، من المهم أن يكون لديك إحساس واضح بالرؤية الشاملة لما تريد تحقيقه. رؤيتك هي الصورة الكبيرة لحياتك المثالية ـ إنها تمثل قيمك الأساسية، وتطلعاتك العميقة، وإحساسك بالغرض. إنها بوصلتك الداخلية التي توجه قراراتك وأفعالك، وتلهمك للمضي قدمًا في أوقات عدم اليقين.

لكن كيف تطور رؤية ملهمة؟ إليك بعض الخطوات لمساعدتك على البدء:

1. خصص بعض الوقت للتأمل الذاتي. ابدأ بالتفكير في القيم والمبادئ الأساسية الأكثر أهمية بالنسبة لك. ما الذي يمنحك إحساسًا بالغرض والمعنى؟ ما هي الصفات التي تأمل أن يتذكرك الناس بها؟ ما هي المساهمة الفريدة التي تريد تقديمها للعالم؟ كن صادقًا مع نفسك وحاول حقًا الوصول إلى جوهر ما يحركك.

2. تخيل حياتك المثالية. بمجرد أن يكون لديك إحساس بقيمك الأساسية، ابدأ في التفكير في كيف ستبدو حياتك إذا كنت تعيش وفقًا لتلك القيم كل يوم. ماذا ستفعل؟ مع من ستكون؟ كيف ستشعر؟ كن محددًا قدر الإمكان، وحاول تصور كل جانب من جوانب حياتك، من حياتك المهنية إلى علاقاتك وصحتك ورفاهيتك العامة.

3. حدد موضوعات وأنماطًا مشتركة. وأنت تتأمل في حياتك المثالية، ابحث عن الموضوعات المتكررة أو الأفكار التي تظهر مرارًا وتكرارًا. هل هناك قيم معينة أو خبرات أو إنجازات تظهر بشكل بارز؟ هذه الموضوعات يمكن أن توفر رؤى قيمة حول ما هو الأكثر أهمية بالنسبة لك، ويمكن أن تساعدك في تحديد الأولويات التي ستوجهك إلى الأمام.

4. اكتب بيانًا موجزًا عن الرؤية. بمجرد أن تكون لديك فكرة واضحة عن قيمك الأساسية وتطلعاتك العميقة، حان الوقت لصياغة رؤيتك في بيان موجز وقوي. حاول تلخيص رؤيتك في جملة أو جملتين، مع التركيز على جوهر ما تريد تحقيقه. على سبيل المثال، قد تكون رؤيتك هي "أن تلهم الآخرين من خلال الفن وتعزز التفاهم الثقافي"، أو "تسخير قوة التكنولوجيا لخلق عالم أكثر عدلاً ومساواة".

5. راجع واضبط رؤيتك بمرور الوقت. تذكر أن رؤيتك ليست حجرًا ثابتًا، ولكنها وثيقة حية يمكن أن تتطور مع نموك. مع مرور الوقت وتغير ظروفك، لا تخف من إعادة زيارة رؤيتك وتعديلها حسب الضرورة. الشيء المهم هو أن تظل متصلاً بقيمك الجوهرية وإحساسك بالغرض، حتى عندما تتغير التفاصيل المحددة.

تطوير رؤية ملهمة للحياة يمكن أن يكون مسعى عميقًا وتحويليًا. قد يستغرق الأمر بعض الوقت والتفكير الجاد للتوصل إلى بيان يتردد صداه حقًا مع أعمق رغباتك وتطلعاتك. لكن الاستثمار يستحق العناء. بمجرد أن يكون لديك رؤية واضحة تقودك، ستجد أنه من الأسهل كثيرًا اتخاذ قرارات تتماشى مع قيمك، وتحديد أولويات الأشياء الأكثر أهمية، والحفاظ على التركيز والزخم في مواجهة التحديات.

بالطبع، وجود رؤية واضحة ليس سوى بداية عملية تصميم الحياة. الخطوة التالية هي ترجمة تلك الرؤية إلى أهداف وخطط عمل ملموسة. في المقطع التالي، سنناقش كيفية تحديد وتحقيق الأهداف التي تتماشى مع رؤيتك وتقربك خطوة من تحقيق حياتك المثالية.

تحديد وتحقيق الأهداف المتوافقة مع رؤيتك

بمجرد أن تكون لديك رؤية واضحة لما تريد تحقيقه، فقد حان الوقت لبدء وضع تلك الرؤية موضع التنفيذ من خلال تحديد الأهداف. أهدافك هي الخطوات الملموسة والمحددة زمنيًا التي ستتخذها لتحقيق رؤيتك على المدى الطويل. إنها تجسر الفجوة بين المكان الذي أنت فيه الآن والمكان الذي تريد أن تكون فيه، وتوفر خارطة طريق للتقدم والنمو. فيما يلي بعض النصائح لتحديد أهداف فعالة تتماشى مع رؤيتك:

اجعل أهدافك محددة وقابلة للقياس. بدلاً من وضع أهداف غامضة أو عامة، حاول أن تكون محددًا قدر الإمكان حول ما تريد تحقيقه. على سبيل المثال، بدلاً من "كسب المزيد من المال"، قد يكون هدفًا أفضل هو "زيادة دخلي بنسبة 20٪ في العام المقبل من خلال تولي مشاريع استشارية إضافية". كلما كانت أهدافك محددة وقابلة للقياس، كان من الأسهل تتبع تقدمك وتحديد النجاح.

ضع جدولًا زمنيًا لكل هدف. لكل هدف تضعه، حدد إطارًا زمنيًا واضحًا لتحقيقه. هل هو هدف على المدى القصير يمكنك تحقيقه في غضون بضعة أشهر؟ أم أنه هدف طويل الأجل قد يستغرق عدة سنوات؟ وضع مواعيد نهائية محددة سيساعدك على البقاء متحفزًا ومسؤولًا، وسيمنحك إحساسًا بالإلحاح.

اجعل أهدافك طموحة ولكن قابلة للتحقيق. يجب أن تتحدى أهدافك لتتجاوز منطقة الراحة الخاصة بك وتدفعك إلى النمو. ومع ذلك، من المهم أيضًا أن تظل واقعية ومتناسبة مع ظروفك الحالية. إذا كانت أهدافك بعيدة المنال جدًا، فقد تشعر بالإحباط أو الإرهاق. ابحث عن التوازن الصحيح، واختر أهدافًا تمتد لك دون أن تغمرك.

اربط كل هدف برؤيتك الأكبر. لكل هدف تضعه، اسأل نفسك: كيف يتناسب هذا الهدف مع رؤيتي طويلة المدى؟ هل يقربني من حياتي المثالية أو يحيد عن مساري؟ من خلال التأكد من أن أهدافك تتماشى مع رؤيتك وقيمك الجوهرية، يمكنك الحفاظ على الشعور بالغرض والدافع حتى عندما تكون الأمور صعبة.

كن مستعدًا للتكيف حسب الضرورة. ضع في اعتبارك أن أهدافك قد تحتاج إلى التغيير استجابةً للظروف المتغيرة أو المعلومات الجديدة. كن منفتحًا وقابلاً للتكيف، وكن على استعداد لتعديل مسارك إذا لزم الأمر. المرونة هي جزء أساسي من تصميم الحياة ـ فهي تسمح لك بالتنقل في التحديات غير المتوقعة والاغتنام الفرص الجديدة كلما ظهرت.

بمجرد أن تحدد أهدافك، فقد حان الوقت لوضع خطة عمل. لكل هدف، حدد الخطوات المحددة التي ستتخذها للوصول إلى هناك، مع تضمين المواعيد النهائية والمعالم الرئيسية لمساعدتك في البقاء على المسار الصحيح. فكر في الموارد أو الدعم الذي قد تحتاجه، سواء كان ذلك التوجيه المهني، أو التطوير المهني، أو الدعم العاطفي من الأصدقاء والعائلة. وقبل كل شيء، كن مستعدًا للعمل الجاد والمثابرة ـ فتحقيق الأهداف يتطلب الجهد المركز والالتزام، حتى في مواجهة النكسات أو العقبات.

تذكر، تصميم الحياة هو ممارسة مدى الحياة. ستتغير أهدافك وتتطور بالضرورة مع استمرار رحلتك وتقدمك. ما يهم هو أنك تبقى متصلاً برؤيتك وقيمك الجوهرية، وأن تتخذ

خطوات متعمدة كل يوم لتقريبك من حياتك المثالية. بهذه الطريقة، يمكنك الحفاظ على الشعور بالغرض والاتجاه، حتى عندما تأخذك الحياة في منعطفات غير متوقعة.

في القسم التالي، سنناقش بعض الاستراتيجيات لإدارة التحولات الكبرى في الحياة ـ تلك النقاط الفاصلة التي تجبرنا على إعادة النظر في مسارنا وربما إعادة تصميم حياتنا بطرق جديدة ومثيرة. سواء كنت تتنقل في تغيير مهني، أو بدء عائلة، أو مواجهة تحد شخصي رئيسي، فإن فهم كيفية التكيف والنمو من خلال التحولات أمر بالغ الأهمية لرحلة تصميم الحياة.

التنقل في تحولات الحياة الرئيسية

بغض النظر عن مدى دقة تخطيطنا أو استعدادنا، فإن الحياة لها طريقة في تقديم منعطفات غير متوقعة. سواء كان ذلك فقدان وظيفة، أو إنهاء علاقة، أو مرض مفاجئ، أو فرصة جديدة مثيرة، فإن هذه التحولات الكبرى يمكن أن تعطل إحساسنا بالاستقرار وتجبرنا على إعادة النظر في مسارنا. بينما يمكن أن تكون هذه الفترات الانتقالية مخيفة ومربكة، إلا أنها أيضًا فرص قوية للنمو والتجديد.

إليك بعض الاستراتيجيات للتنقل في التحولات الكبرى في الحياة بثقة ومرونة:

اسمح لنفسك بالشعور بمشاعرك. عندما نواجه تحولاً كبيراً في الحياة، من الطبيعي أن نشعر بمجموعة من العواطف القوية ـ الخوف، والقلق، والحزن، وحتى الإثارة أو الارتياح. بدلاً من قمع هذه المشاعر أو الحكم عليها، حاول الاعتراف بها والسماح لها بالمرور عبرك. اعترف بأن التغيير يمكن أن يكون صعبًا، وأن لديك الحق في الشعور بعدم الاستقرار أو الخوف.

خذ وقتك. عندما تواجه تحولاً كبيراً، قد تشعر بالضغط لاتخاذ إجراءات فورية أو اتخاذ قرارات كبيرة. لكن من المهم أن تمنح نفسك الوقت والمساحة لمعالجة ما تمر به والتفكير في خياراتك. لا تتسرع في اتخاذ قرارات متهورة أو ترتكب لأول مسار عمل يظهر. بدلاً من ذلك، خذ خطوة إلى الوراء، وتنفس بعمق، واسمح لنفسك بالتفكير الهادئ والمتأني.

أعد الاتصال برؤيتك وقيمك. في أوقات التغيير الكبير، يمكن أن يكون من السهل أن تشعر كما لو أنك فقدت الاتصال بإحساسك بالغرض أو الاتجاه. هنا تكمن أهمية وجود رؤية واضحة ـ فهي بمثابة مرساة تبقيك متأصلاً حتى عندما تكون الأمور فوضوية. عندما تواجه انتقالاً صعبًا، استغرق بعض الوقت للتأمل في قيمك الأساسية ورؤيتك طويلة المدى. اسأل نفسك: ما الذي ما زلت متأكدًا منه؟ ما الذي يظل ثابتًا وحقيقيًا بالنسبة لي، على الرغم من التغيير الخارجي؟

ابحث عن الفرص للنمو. بينما يمكن أن تكون التحولات الكبرى في الحياة مخيفة، إلا أنها يمكن أن توفر أيضًا فرصًا رائعة للنمو الشخصي والتحول. بدلاً من مقاومة التغيير أو محاولة التمسك بالماضي، حاول اعتناق الإمكانيات الجديدة التي يقدمها هذا الانتقال. اسأل

نفسك: كيف يمكن أن ينمو هذا التحدي وتطوري؟ ما هي الفرص الجديدة التي يمكن أن تنشأ من هذه التجربة؟

اعتمد على شبكة الدعم الخاصة بك. لا أحد يجب أن يواجه تحولاً كبيراً بمفرده. عندما تمر بفترة انتقالية، لا تخف من طلب المساعدة والدعم من الأشخاص المقربين منك. سواء كان ذلك أفراد العائلة، أو الأصدقاء المقربين، أو المستشار المحترف، فإن وجود شخص للتحدث معه يمكن أن يوفر الراحة والمنظور والتوجيه خلال الأوقات غير المؤكدة تذكر، مهما كان التحول الذي تمر به، فأنت تمتلك القوة والمرونة للتنقل فيه. من خلال البقاء متصلاً بقيمك، والسماح لنفسك بالشعور بمشاعرك، والانفتاح على إمكانيات النمو، يمكنك الخروج من الجانب الآخر أقوى وأكثر حكمة من أي وقت مضى. في النهاية، هذه التحولات الكبرى هي ما يشكل قصة حياتنا ـ إنها الفصول التي تدفعنا إلى التطور، وإعادة اكتشاف أنفسنا، وتصور مستقبلنا بطرق جديدة وجريئة.

في المقطع الأخير من هذا الفصل، سنجمع كل ما تعلمناه عن تصميم الحياة ونتأمل في أهمية تبني موقف متعمد في خلق الحياة التي نريدها بالفعل. سواء كنت تقف على أعتاب تحول كبير، أو تتطلع ببساطة لجلب المزيد من التوجيه والغرض لخياراتك اليومية، فإن تطبيق مبادئ تصميم الحياة يمكن أن يساعدك على أن تصبح المهندس المعماري الفعال لقصتك الخاصة.

أن تصبح المهندس المعماري لحياتك

على مدار هذا الفصل، استكشفنا مفهوم تصميم الحياة ـ الممارسة المتعمدة لبناء حياة تتوافق مع قيمنا وتطلعاتنا وإحساسنا بالغرض. رأينا كيف أن اتخاذ نهج استباقي في تشكيل مسارنا يمكن أن يمنحنا شعورًا أكبر بالتحكم والرضا، حتى في خضم عالم سريع التغير ولا يمكن التنبؤ به.

بدأنا برسم رؤية ملهمة لحياتنا المثالية، مع التركيز على قيمنا الأساسية والمساهمة الفريدة التي نأمل في تقديمها للعالم. من هناك، تعلمنا كيفية ترجمة هذه الرؤية إلى أهداف وخطط عمل ملموسة، مع وضع إطارات زمنية واضحة لقياس تقدمنا. ناقشنا أيضًا أهمية البقاء مرنًا ومتكيفًا في مواجهة التحولات الرئيسية في الحياة، وكيف يمكن أن توفر هذه الفترات الانتقالية فرصًا قوية للنمو والتجديد الشخصي.

على طول الطريق، استشهدنا بأمثلة الأفراد الذين جسدوا مبادئ تصميم الحياة بطرق قوية. من الطالبة الجامعية التي تتخصص في وظيفة مستقرة ماليًا من أجل متابعة شغفها بالفن، إلى المتقاعد الذي يحول حياته بعد وفاة أحد أفراد الأسرة ويسافر حول العالم، هؤلاء الأفراد أظهروا لنا ما هو ممكن عندما نأخذ زمام الأمور في سعينا وعقولنا مفتوحة للاحتمالات غير المتوقعة.

لكن في النهاية، تصميم الحياة لا يتعلق بأي قصة أو مسار فردي ـ فهو يتعلق بالعملية. إنه يتعلق باتخاذ خيار واع للتأمل في ما نريده حقًا، وتحديد الإجراءات لتحقيق ذلك، ومواءمة خياراتنا اليومية مع رؤيتنا الأكبر. إنها ممارسة مدى الحياة تتطلب الوعي الذاتي المستمر، والمرونة، والالتزام بالتطور.

بالطبع، لن تكون الرحلة سلسة دائمًا. سيكون هناك اختلافات وانحرافات، ومنعطفات غير متوقعة على الطريق. سنواجه لحظات من الشك والخوف، وسنحتاج إلى إعادة ضبط مسارنا أكثر من مرة. لكن هذا هو جمال ممارسة تصميم الحياة ـ فهي تسمح لنا بالتكيف والنمو في مواجهة هذه التحديات، دون أن نفقد أبدًا البصيرة حول الصورة الأكبر لما نسعى إليه.

إذاً ما الذي ينتظرك، القارئ العزيز، وأنت تتأمل في رحلة تصميم حياتك الخاصة؟ أيا كان المكان الذي تجد نفسك فيه على طول الطريق ـ سواء كنت على وشك تحول كبير، أو تطمح إلى هدف جريء جديد، أو ببساطة تتوق إلى المزيد من الوضوح والتركيز في خياراتك اليومية ـ هناك بعض الخطوات البسيطة ولكنها القوية التي يمكنك اتخاذها للبدء.

1. اصنع مساحة للتفكير. في خضم حياتنا المزدحمة، يمكن أن يكون من السهل أن ننجرف دون التوقف للتفكير في الاتجاه الذي نتجه إليه. لذا حاول تخصيص بعض الوقت كل أسبوع ـ ولو لمدة 15 دقيقة فقط ـ للتأمل في رؤيتك وأهدافك والتقدم الذي تحرزه. اكتب في دفتر يوميات، أو اذهب في نزهة تأملية، أو تحدث مع صديق موثوق به. المهم هو إبطاء السرعة بما يكفي للاستماع إلى الحكمة الداخلية وتقييم ما إذا كنت تسير على الطريق الصحيح.

2. كن متعمدًا في قراراتك. في كل مرة تقف فيها على مفترق طرق أو تواجه اختيارًا مهمًا، حاول الرجوع إلى رؤيتك وقيمك. اسأل نفسك: أي مسار يتماشى أكثر مع الهدف الذي أسعى لتحقيقه؟ أي خيار سيجلب لي أكبر قدر من الرضا والفرح على المدى الطويل؟ من خلال مواءمة قراراتك المصغرة مع تطلعاتك الكبيرة، يمكنك ببطء ولكن بثبات تشكيل حياة تشعر وكأنها حقًا خاصة بك.

3. احتفل بالتقدم الذي تحرزه. الطريق إلى حياتنا المثالية هو ماراثون، وليس سباقًا سريعًا. لذا تأكد من الاحتفال بانتصاراتك على طول الطريق ـ مهما كانت صغيرة ـ سواء كانت إنجاز هدف مرحلي، أو تخطي عقبة صعبة، أو مجرد الالتزام بممارسة تأملية منتظمة. من خلال الاعتراف بتقدمك، يمكنك الحفاظ على الزخم والحافز، حتى عندما يبدو المسار شاقًا.

4. كن لطيفًا مع نفسك. ستكون هناك أوقات عندما تتعثر أو تنحرف عن المسار، وهذا أمر طبيعي وطبيعي تمامًا. بدلاً من انتقاد نفسك أو الشعور بالإحباط، حاول اتخاذ موقف اللطف والفضول تجاه نفسك. تذكر أن العثرات والانحرافات غالبًا ما تكون فرصًا للتعلم والنمو، إذا كنا منفتحين عليها. كن صبورًا مع نفسك، وثق في أن كل تجربة ـ سواء بدت إيجابية أو سلبية في ذلك الوقت ـ تساهم في قصة حياتك بطريقة ذات مغزى

فوق كل شيء،، تذكر أن تصميم الحياة هو في جوهره تمرين في الأمل. إنه تأكيد قوي على أن لدينا القدرة على تشكيل واقعنا، بغض النظر عن ظروفنا الحالية. إنه إيمان بأن المستقبل منفتح على إمكانيات لا حصر لها، وأن لدينا داخلنا الحكمة والقوة لإخراج أعمق تطلعاتنا إلى حيز الوجود.

لذا، عزيزي القارئ، وأنت تمضي قدمًا في رحلتك الخاصة، تذكر أنك بالفعل تملك كل ما تحتاجه لتبدأ. تقع داخلك بالفعل بذور الرؤية التي تريد خلقها ـ كل ما عليك فعله هو رعايتها وتغذيتها. بكل خطوة تتخذها، مع كل خيار تتخذه، أنت تنسج خيوط قصة حياتك وتنشئ تحفة فنية فريدة هي خاصة بك.

هذه هي دعوتك لتصبح المهندس المعماري النشط لمصيرك. يمكن أن تبدأ هذه الرحلة بخطوة صغيرة واحدة، وبوعد واحد بسيط لنفسك: أن تعيش بقصد، وأن تنمو من خلال التحديات، وأن تسعى جاهدًا لخلق حياة متوافقة مع أعمق قيمك وتطلعاتك.

في هذا الطريق، يكمن إحساس عميق بالحرية ـ الحرية في أن تصبح أكثر ما يمكن أن تكون عليه تمامًا، والحرية في صنع مساهمة فريدة وذات مغزى في العالم. هذا هو الوعد الحقيقي لتصميم الحياة ـ ليس فقط خلق مسار أكثر رضاءً وإشباعًا، ولكن الارتقاء إلى إمكاناتنا الكاملة كأفراد.

لذا، وأنت تخطو أولى خطواتك في هذه الرحلة، تذكر أن تتحلى بالشجاعة، وأن تتحلى بالرحمة، وأن تحافظ على الأمل دائمًا في قلبك. المستقبل ينتمي لأولئك الذين لديهم الرؤية لتخيله والشجاعة لخلقه. أنت، عزيزي القارئ، لديك كلاهما داخلك ـ والعالم ينتظر بفارغ الصبر ليرى التحفة الفنية التي ستنشئها مع حياتك.

الفصل السادس: الاستفادة من الفشل

تغيير نظرتنا تجاه الفشل

في مجتمعنا، غالبًا ما يُنظر إلى الفشل على أنه شيء يجب تجنبه بأي ثمن. نخشى أن نبدو غير كفؤين، أو غير محبوبين، أو غير جديرين إذا لم ننجح في المحاولة الأولى. ونتيجة لذلك، غالبًا ما نلعب بأمان، ونلتزم بما نعرفه، ونتجنب المخاطر حتى لا نواجه إمكانية الفشل.

لكن هناك مشكلة في هذا التفكير: الفشل ليس فقط لا مفر منه، بل هو ضروري أيضًا للنجاح. فكر في أي شخص حقق إنجازًا عظيمًا ـ سواء كان ذلك توماس إديسون الذي اخترع المصباح الكهربائي، أو مايكل جوردان الذي أصبح أحد أعظم لاعبي كرة السلة في كل العصور، أو جي كي رولينج التي كتبت سلسلة هاري بوتر الأكثر مبيعًا. ما الذي يشترك فيه كل هؤلاء الأفراد؟ لقد فشلوا، مرارًا وتكرارًا، في طريقهم إلى النجاح في الواقع، كان فشلهم هو ما مكنهم من تحقيق ما حققوه. كل تجربة فاشلة علمتهم شيئًا جديدًا ـ سواء كان ذلك طريقة لا تعمل، أو نقطة ضعف في منهجهم، أو مهارة يحتاجون إلى تطويرها. بدلاً من الاستسلام، استخدموا هذه الدروس لتحسين وتكييف وتنمية مهاراتهم. وبمرور الوقت، أدت هذه العملية المتكررة للفشل والتعلم والنمو إلى النجاحات الاستثنائية التي نشيد بها.

إذن ما الذي يمكننا تعلمه من أمثلة أولئك الذين استفادوا من فشلهم؟ قبل كل شيء، يعلموننا أن نعيد النظر في فهمنا للفشل ذاته. بدلاً من رؤية الفشل على أنه نهاية المطاف ـ علامة على عدم الكفاءة أو عدم الجدارة ـ يمكننا تعلم النظر إليه على أنه جزء لا يتجزأ من عملية النجاح. يمكننا أن نرى كل تحد أو نكسة كفرصة لاكتساب المعرفة الجديدة والنمو بطرق لم نكن نتخيلها من قبل.

بالطبع، تبني هذا النوع من العقلية أسهل بكثير من القيام به. خوفنا من الفشل متأصل بعمق، ويمكن أن يكون من الصعب تجاوز سنوات من البرمجة الثقافية التي تخبرنا أن الفشل أمر يجب تجنبه. لكن الخبر السار هو أن التعلم من الفشل هو مهارة يمكن ممارستها وإتقانها ـ وعندما نفعل ذلك، يمكننا فتح إمكانات هائلة للنمو والابتكار والنجاح.

في هذا الفصل، سنستكشف الاستراتيجيات والأدوات التي يمكنك استخدامها لبدء تغيير علاقتك مع الفشل. سنناقش كيف تتبنى عقلية النمو، وكيف تحلل إخفاقاتك بطريقة بناءة، وكيف تستخدم ما تعلمته لتحسين نهجك. سنتحدث أيضًا عن أهمية المرونة وكيف يمكنك بناء قدرتك على الصمود في مواجهة التحديات.

سواء كنت رائد أعمال يتصارع مع إطلاق منتج جديد، أو فنانًا يكافح للعثور على صوته، أو شخصًا يتطلع ببساطة لتجاوز منطقة الراحة والسعي وراء نمو شخصي جديد، فإن تعلم الاستفادة من الفشل يمكن أن يحدث ثورة في طريقة حياتك. من خلال تغيير طريقة

هادي هانز نخله

تفكيرنا في النكسات والتحديات، يمكننا تحرير أنفسنا لتجربة أشياء جديدة، وتحمل مخاطر أكبر، وتحقيق إنجازات كنا نعتقد ذات يوم أنها مستحيلة.

تبني عقلية النمو

إحدى أهم الخطوات التي يمكنك اتخاذها لتغيير علاقتك مع الفشل هي تبني ما تسمى "عقلية النمو". صاغت عالمة النفس كارول دويك هذا المصطلح لوصف الاعتقاد بأن قدراتنا وذكاءنا يمكن تطويرها من خلال الجهد والمثابرة ـ على عكس "العقلية الثابتة"، والتي ترى أن مواهبنا وقدراتنا ثابتة ولا يمكن تغييرها.

عندما نتبنى عقلية النمو ، نبدأ في رؤية التحديات والنكسات كفرص للتعلم والتحسن. بدلاً من الشعور بالإحباط أو الإحراج من أخطائنا، نصبح فضوليين بشأنها. نسأل أنفسنا: ما الذي يمكنني تعلمه من هذه التجربة؟ كيف يمكنني استخدام هذه المعرفة للنمو والتحسن؟ من خلال تحويل تركيزنا من الحكم على أنفسنا إلى التعلم من الفشل، نصبح أكثر قدرة على الصمود في وجه النكسات والمضي قدمًا.

إليك بعض النصائح لبدء تبني عقلية النمو:

1. انتبه لأنماط تفكيرك. عندما تواجه تحديًا أو نكسة، انتبه للطريقة التي تتحدث بها إلى نفسك. هل تجد نفسك تفكر في أشياء مثل: "لست جيدًا بما فيه الكفاية" أو "لا أستطيع فعل هذا أبدًا"؟ هذه علامات على العقلية الثابتة. حاول التقاط هذه الأفكار وإعادة صياغتها من منظور النمو، مثل "لم أتقن هذا بعد" أو "سأستمر في الممارسة حتى أتحسن".

2. احتفِ بالنضال. عندما تواجه مهمة صعبة أو موقفًا شاقًا، تذكر أن محاربة أنفسنا هي كيف ننمو. بدلاً من الشعور بالإحباط أو الغضب من الكفاح، حاول تأطيره كعلامة على أنك تتحدى نفسك وتوسع حدودك. تذكر شعار عقلية النمو: "لم أعرف طريقي بعد، لكنني سأعرف طريقي".

3. تعلم التفكير في "لماذا" وليس فقط "ماذا". عندما تواجه نكسة أو إخفاقًا، من السهل أن نركز كليًا على النتيجة السلبية ـ ماذا حدث. لكن لتبني عقلية النمو، من المهم أيضًا فحص لماذا حدثت النتيجة. ما الذي يمكنك تعلمه عن عملية التفكير أو النهج أو الاستراتيجية التي أدت إلى هذه النتيجة؟ كيف يمكنك استخدام هذه الأفكار للتكيف وتحسين طريقتك؟

4. اطلب الملاحظات والدعم. لا يمكن لأحد أن ينمو في فراغ ـ نحن جميعًا بحاجة للملاحظات والتشجيع لمساعدتنا على التحسن. عندما تكافح مع تحد ما، لا تخف من الوصول لشخص تثق به للحصول على النصيحة أو التوجيه. سواء كان ذلك مدربًا، أو زميلاً، أو صديقًا، فإن الحصول على منظور خارجي غالبًا ما يمكن أن يساعدك على رؤية الأشياء بطرق جديدة وتحديد مجالات التحسين.

5. احتفل بالتقدم، وليس فقط بـ "النجاح". النمو ليس خطيًا ـ إنه عملية متعرجة تنطوي على العديد من التقدمات والتراجعات بمرور الوقت. لتبقى متحمسًا، من المهم الاحتفال بالنجاحات الصغيرة على طول الطريق. سواء كان ذلك إتقان مهارة جديدة، أو تجربة نهج مختلف، أو مجرد إظهار المثابرة في وجه التحدي، احتفل بالخطوات الصغيرة التي تتخذها. هذه الانتصارات الصغيرة تضيف إلى زخم النمو الخاص بك.

بالطبع، تبني عقلية النمو ليس شيئًا يحدث بين عشية وضحاها ـ إنه تحول تدريجي في طريقة تفكيرنا وتصرفنا. لكن من خلال الممارسة المتسقة للاستراتيجيات المذكورة أعلاه،

يمكننا ببطء إعادة توجيه عقولنا بعيدًا عن الخوف من الفشل ونحو شغف التعلم والتحسين. وبمجرد أن نفعل ذلك، سنكون مجهزين بشكل أفضل للاستفادة من نكساتنا كمنصات انطلاق للنمو

تحليل الإخفاقات واستخلاص الدروس

عندما نواجه نكسة أو تحديًا، غالبًا ما يكون رد فعلنا الفوري هو تجنب التفكير فيه على الإطلاق. نشعر بالحرج، أو الإحباط، أو حتى الغضب من أنفسنا، ونريد ببساطة المضي قدمًا والتظاهر بأن شيئًا لم يحدث. لكن إذا أردنا حقًّا الاستفادة من فشلنا، فعلينا أن نفعل العكس تمامًا: يجب أن نغوص فيه، ونحلله، ونستخلص الدروس التي يمكن أن توجهنا للأمام. إليك عملية خطوة بخطوة يمكنك استخدامها لتحليل إخفاقاتك بطريقة مدروسة و هادفة:

أعد سرد ما حدث. ابدأ بكتابة سرد موضوعي قدر الإمكان لما حدث. ما كان هدفك أو نيتك؟ ما الإجراءات التي اتخذتها؟ ما كانت النتيجة؟ حاول تجنب إصدار الأحكام أو لوم نفسك ـ فقط قم بتوثيق الحقائق كما حدثت.

حدد العوامل المساهمة. بمجرد أن يكون لديك سرد واضح لما حدث، ابدأ في تحديد العوامل المختلفة التي ساهمت في النتيجة. هل كانت هناك ثغرات في معرفتك أو مهاراتك؟ هل واجهت عقبات أو ظروفًا غير متوقعة؟ هل اتخذت افتراضات معينة أو قررت أثبت أنها غير صحيحة؟ كن شاملاً قدر الإمكان في تحديد جميع العوامل ذات الصلة.

تحديد الدروس المستفادة. لكل عامل مساهم حددته، فكر في الدرس أو الرؤية التي يمكنك أخذها منه. على سبيل المثال، إذا أدركت أن هناك ثغرة في مهاراتك، فإن الدرس قد يكون أنك بحاجة إلى البحث عن فرص لممارسة تلك المهارة أو تلقي تدريب إضافي. إذا واجهت عقبة غير متوقعة، فقد يكون الدرس هو أنك بحاجة إلى بناء المزيد من المرونة أو خطط الطوارئ في مشاريعك.

طوّر خطة عمل. بمجرد أن تحدد الدروس الرئيسية، حان الوقت لترجمتها إلى خطوات عملية يمكنك اتخاذها. لكل درس، فكر في إجراء واحد أو اثنين من الإجراءات الملموسة التي ستساعدك على تطبيق هذا التعلم في المستقبل. على سبيل المثال، إذا كان الدرس هو أنك بحاجة إلى ممارسة مهارة معينة، فقد تكون خطوة العمل هي تسجيل دورة عبر الإنترنت أو العثور على شخص ما يمكنه توجيهك. كن محددًا قدر الإمكان حول الخطوات التي ستتخذها وكيف ستساعدك على النمو.

انظر للوراء وللأمام. أخيرًا، خذ لحظة للتفكير في رحلتك بشكل عام. انظر إلى الوراء إلى الشخص الذي كنت عليه قبل هذه التجربة، وقارن ذلك بالشخص الذي أصبحت عليه الآن. ما مقدار ما نمت وتعلمت؟ ثم انظر إلى المستقبل: كيف سيغير هذا التعلم نهجك أو سلوكك للأمام؟ ما الذي يمكن أن تبدو عليه نسخة أكثر حكمة وقدرة منك في المستقبل؟

من المهم أن نتذكر أن تحليل إخفاقاتنا ليس ممارسة لمرة واحدة ـ إنه عادة يجب أن نعود إليها مرارًا وتكرارًا. في كل مرة نواجه فيها نكسة أو نتيجة غير مرغوب فيها، لدينا فرصة لحفر أعمق، واكتساب رؤى جديدة، وتعديل نهجنا للمستقبل. وكلما فعلنا ذلك، سنصبح أكثر مهارة في استخلاص الدروس القيمة من تحدياتنا وتطبيقها لدفع نمونا.

بالطبع، استخلاص هذه الدروس أمر واحد ـ والعمل بها في الواقع مسألة أخرى. من السهل الشعور بالإثارة والإلهام بعد لحظة من البصيرة الذاتية، لكن الحفاظ على الزخم في مواجهة التحديات المستقبلية يمكن أن يكون تحديًا. هنا تأتي أهمية بناء مرونة ـ موضوعنا

التالي في هذا الفصل. في القسم التالي، سنناقش ما هي المرونة بالضبط، ولماذا تعد سمة حاسمة لأولئك الذين يرغبون في الاستفادة من الفشل، وبعض الاستراتيجيات العملية لتعزيز قدرتنا على الصمود في وجه النكسات.

بناء المرونة في وجه التحديات

المرونة، ببساطة، هي قدرتنا على التعافي من الصعوبات والتكيف في مواجهة الضغوطات. إنها تلك الجودة التي تسمح لنا بالانحناء دون الانكسار، والنهوض مرة أخرى بعد السقوط، والاستمرار في المحاولة حتى عندما تكون الأمور صعبة. وعندما يتعلق الأمر بالاستفادة من الفشل، فإن المرونة هي السمة التي تحول الدروس إلى نمو دائم ـ إنها القوة التي تبقينا ماضين في لحظات الشك والمحنة.

تخيل شخصين يواجهان نفس النكسة أو التحدي: لنقل أنهما رُفضا من نفس الوظيفة التي سعوا إليها. قد يستسلم الشخص الأول للإحباط والهزيمة الذاتية، ويفقد الثقة بنفسه ويتخلى عن البحث عن وظيفة تمامًا. لكن الشخص الثاني، الذي طور مرونة أكبر، قد يتعامل بشكل مختلف. قد يعترفون بخيبة الأمل ولكن لا يدعونها تحدد قيمتهم الذاتية. قد يأخذون بعض الوقت للتفكير فيما يمكنهم تعلمه من العملية، ثم يستخدمون تلك الأفكار للتكيف مع نهجهم ومحاولة مرة أخرى. قد يستمرون في مواجهة الرفض، لكنهم لا يفقدون الأمل أو الدافع أبدًا. في النهاية، مرونتهم هي ما يبقيهم يتقدمون حتى يحققوا هدفهم.

إذن ما الذي يميز الأشخاص المرنين؟ وكيف يمكننا تنمية مرونتنا الخاصة لمواجهة تحديات الحياة؟ إليك بعض الأفكار الرئيسية:

الأشخاص المرنون يتبنون عقلية النمو. يؤمنون أن قدراتهم يمكن تطويرها من خلال الجهد والمثابرة، وينظرون إلى النكسات كفرص للتعلم والتحسن. بدلاً من الحكم على أنفسهم بقسوة، يتساءلون: "ماذا يمكنني أن أفعل بشكل مختلف في المرة القادمة؟"

يمارسون التعاطف الذاتي. عندما يواجهون صعوبات، لا ينخرطون في نقد الذات القاسي أو النقد الذاتي. بدلاً من ذلك، يعاملون أنفسهم باللطف والتفهم، ويسمحون لأنفسهم بالشعور بمشاعرهم دون الحكم عليها. يتذكرون أن الفشل جزء طبيعي وحتمي من كونك إنسانًا.

يحافظون على الأمور في نصابها الصحيح. يدركون أن النكسات والفشل، مهما كانت مؤلمة في الوقت الحالي، نادراً ما تكون كارثية أو دائمة كما تبدو في البداية. بدلاً من التسرع للوصول إلى استنتاجات قاتمة، يأخذون خطوة إلى الوراء ويطرحون على أنفسهم أسئلة واقعية مثل: "هل ستهم هذه المشكلة بعد سنة من الآن؟ ما الأمور الجيدة في حياتي التي لا تزال موجودة؟"

يصنعون شبكات دعم قوية. يدركون أنهم لا يستطيعون مواجهة كل تحد بمفردهم، ويسعون للحصول على المساعدة والتشجيع من الآخرين. سواء كانوا يصلون إلى صديق للحصول على نصيحة، أو يعملون مع مرشد لتطوير مهارات جديدة، أو ينضمون إلى مجموعة داعمة من الأقران، فإنهم يحيطون أنفسهم بأشخاص يمكنهم الاعتماد عليهم في أوقات الشدة.

يركزون على ما يمكنهم التحكم فيه. لا يضيعون طاقتهم في القلق بشأن الأشياء التي لا يستطيعون تغييرها، بل يركزون بدلاً من ذلك على الإجراءات التي يمكنهم اتخاذها. يسألون

هادي هانز نخله

أنفسهم: "ما الذي يمكنني فعله في هذا الموقف لإحداث تأثير إيجابي؟ ما الخطوات التي يمكنني اتخاذها للمضي قدمًا؟"

تذكر، بناء المرونة هو رحلة، وليس وجهة. لا يوجد شخص لا يقهر تمامًا في مواجهة كل تحد أو نكسة. نحن جميعًا نكافح ونشعر بالإحباط أحيانًا، وهذا جزء طبيعي تمامًا من العملية. لكن بتطبيق الاستراتيجيات المذكورة أعلاه، والتدرب على الصمود حتى عندما تكون الأمور صعبة، يمكننا ببطء بناء قدرتنا على الارتداد من خيبات الأمل والاستمرار في النمو.

في نهاية المطاف، تعد المرونة مهارة حيوية ليس فقط للتعلم من الفشل، ولكن أيضًا للازدهار في جميع جوانب الحياة. سواء كنا نسعى لتحقيق أهداف كبيرة وجريئة، أو نتنقل في فترات الانتقال الصعبة، أو مجرد التعامل مع تقلبات الحياة اليومية، فإن القدرة على التكيف والتعافي في وجه الشدائد هي ما يبقينا نمضي قدمًا. وكلما مارسنا هذه المهارة، أصبحنا أقوى وأكثر ثباتًا ـ وأفضل تجهيزًا لتحويل أعظم تحدياتنا إلى أعظم فرص نمونا.

تحويل الفشل إلى وقود للنجاح

على مدار هذا الفصل، استكشفنا كيف يمكننا تغيير علاقتنا مع الفشل و التعلم من الاستفادة من نكساتنا كمنصات انطلاق للنمو. رأينا أن الخطوة الأولى هي تبني عقلية النمو ـ الاعتقاد بأن قدراتنا ليست ثابتة، ولكن يمكن تطوير ها من خلال الجهد و المثابرة. بهذه العقلية، نصبح أكثر قدرة على رؤية التحديات كفرص، و أقل عرضة للاستسلام في وجه الصعوبات.

تعلمنا أيضًا كيفية تحليل إخفاقاتنا بطريقة مدروسة و هادفة ـ من خلال تحديد العوامل التي ساهمت في النتيجة، و استخلاص الدروس الرئيسية، ووضع خطط عمل ملموسة للنمو. من خلال الانخراط في هذه العملية مرارًا وتكرارًا، يمكننا تحويل حتى أكثر التجارب المحبطة إلى فرص قيمة للتعلم و التحسن الذاتي.

وأخيرًا، ناقشنا أهمية المرونة في الاستفادة من الفشل وتحقيق النجاح المستدام. رأينا أن الأشخاص الأكثر صمودًا يمتلكون مهارات معينة ـ مثل التعاطف الذاتي، و الحفاظ على المنظور، وبناء شبكات الدعم ـ تسمح لهم بالتعامل مع النكسات بمرونة وقوة أكبر. من خلال تطوير هذه المهارات بأنفسنا، يمكننا تحسين قدرتنا على التعافي من خيبات الأمل والاستمرار في النمو في وجه الشدائد.

في جميع هذه الموضوعات، كان هناك موضوع مشترك: أهمية اتخاذ نهج استباقي وواع للفشل. بدلاً من تجنب التحديات أو السماح للنكسات بتحديدنا، يجب أن نتعلم مواجهتها بفضول وصلابة. يجب أن نسعى جاهدين لاستخلاص الدروس والأفكار من أصعب تجاربنا، ثم نستخدم هذه الأفكار لتوجيه نمونا المستمر. هذا النهج المتعمد هو ما يميز أولئك الذين ينجحون على المدى الطويل من أولئك الذين يستسلمون ـ إنه القوة الدافعة التي تبقينا متحركين للأمام على الرغم من العقبات في طريقنا.

بالطبع، هذا أسهل بكثير في القول منه في الفعل. إن تغيير علاقتنا مع الفشل ليس مهمة سهلة ـ فهو يتطلب تغييرًا جوهريًا في طريقة تفكيرنا، والتخلي عن الأنماط والمعتقدات التي ربما تمسكنا بها لسنوات. سيكون هناك أوقات نشعر فيها بالإحباط، أو نشك في أنفسنا، أو نفقد الزخم في مسيرتنا. لكن في تلك اللحظات، علينا أن نتذكر أن نكون لطفاء مع أنفسنا ـ وأن ندرك أن الكفاح جزء لا يتجزأ من العملية.

في النهاية، الاستفادة من الفشل تتعلق بالشجاعة ـ الشجاعة للتحدي، والشجاعة للمثابرة، والشجاعة لتصديق أنه مهما كانت العقبات التي نواجهها، لدينا دائمًا القدرة على التعلم والنمو والتغلب عليها. إنه إيمان بأن كل تجربة، مهما كانت مؤلمة، تحمل معها بذور الحكمة والنمو ـ وأنه من خلال استخلاص هذه البذور، يمكننا تحقيق أكثر مما كنا نعتقد أنه ممكن.

لذلك، عزيزي القارئ، ها هو تحديك: ابدأ باستخدام فشلك كوقود لنجاحك اليوم. في المرة القادمة التي تواجه فيها نكسة أو عقبة، توقف وفكر : ما الذي يمكنني تعلمه من هذا؟ كيف يمكنني استخدام هذه التجربة للنمو والتحسن؟ ثم ضع خطة عمل ـ خطوات ملموسة يمكنك اتخاذها لتطبيق ما تعلمته وتحرك نفسك للأمام.

تذكر، هذه الرحلة فريدة من نوعها. لا يوجد مسار واحد صحيح، ولا توجد وجهة نهائية. الهدف ليس الكمال، ولكن التقدم المستمر ـ النمو المضطرد، خطوة بخطوة، نحو أفضل إصدار من أنفسنا. ستكون هناك منعطفات وتحولات في الطريق، وستواجه لحظات من الشك والخوف. لكن مع كل تحد تواجهه، ستصبح أقوى، وأكثر حكمة، وأفضل استعدادًا لمواجهة ما سيأتي.

هذه هي الهدية الحقيقية للفشل، إذا اخترنا قبولها ـ الفرصة لاكتشاف قوتنا، وتوسيع حدودنا، والتحول بطرق لا يمكن تصورها. إنها دعوة لترك الخوف جانباً، والتقدم نحو الصعوبة بقلب مفتوح ومتفائل. إنها تذكير بأن نجاحنا لا يقاس بمدى تجنبنا للسقوط، ولكن بعدد المرات التي نجرؤ فيها على النهوض مرة أخرى.

لذلك كن شجاعًا، عزيزي القارئ. كن فضوليًا. وفوق كل شيء، كن مستعدًا دائمًا للتعلم. مع كل تحد تقبله، أنت لا تصبح أقوى فحسب، بل تصبح أيضًا مصدر إلهام وقدوة للآخرين. أنت تظهر للعالم ما هو ممكن عندما نرفض الاستسلام ـ وعندما نختار، مرارًا وتكرارًا، أن نجعل حتى أصعب التجارب لدينا انطلاقة لشيء جديد وجميل.

الفصل السابع: التركيز على التأثير

إيجاد المعنى الأعمق في عملنا

في خضم مطاردة أهدافنا وطموحاتنا، يمكن أن يكون من السهل أن ننسى سبب قيامنا بذلك في المقام الأول. نصبح مهووسين بالمعالم والمقاييس الخارجية للنجاح ـ الراتب الأعلى، والمنصب الأكثر هيبة، والاعتراف من أقراننا. لكن بعد فترة، قد نجد أنفسنا نشعر بالفراغ، وكأن هناك شيئًا مفقودًا. قد ننجح في الظاهر، لكننا في الداخل نتساءل: "هل هذا كل ما في الأمر؟ هل يوجد المزيد؟"

هذا هو المكان الذي يأتي فيه التركيز على التأثير. عندما نركز على التأثير، فإننا نتحول من التركيز الضيق على مكاسبنا الشخصية إلى منظور أوسع ـ التأثير الذي نحدثه على الآخرين وعلى العالم من حولنا. نبدأ في رؤية عملنا ليس فقط كوسيلة لتحقيق أهداف شخصية، ولكن كفرصة لإحداث فرق إيجابي وترك بصمة دائمة.

لماذا التركيز على التأثير مهم؟ لعدة أسباب قوية:

إنه يعطي لعملنا معنى أعمق. عندما نربط جهودنا بهدف أعلى أو قضية أكبر من أنفسنا، يصبح عملنا أكثر من مجرد وظيفة ـ إنه دعوة. نشعر بإحساس أكبر بالغرض، ونعرف أن ما نقوم به مهم حقًا. هذا الشعور بالمعنى يمكن أن يكون دافعًا قويًا، ويساعدنا على الصمود في أوقات التحدي.

إنه يساعدنا على اتخاذ قرارات أفضل. عندما نركز على التأثير، فإننا نتخذ خيارات من منظور أوسع. بدلاً من التفكير فقط فيما هو الأفضل لنا، نفكر في ما هو الأفضل لفريقنا، ومؤسستنا، والمجتمع ككل. هذا يمكن أن يقودنا إلى اتخاذ قرارات أكثر حكمة ورؤية، والتي تخدم الصورة الأكبر.

إنه يساعدنا على بناء علاقات أقوى. عندما يدرك الناس أننا مدفوعون بشيء أكبر من مصلحتنا الذاتية، فإنهم يميلون إلى الوثوق بنا واحترامنا أكثر. يمكننا تكوين روابط أعمق مع الزملاء، والعملاء، والشركاء، لأنهم يعرفون أننا نعمل نحو هدف مشترك. هذا يمكن أن يؤدي إلى تعاون أقوى، ونتائج أفضل، وعلاقات أكثر إرضاءً في العمل وخارجه.

إنه يجعلنا أكثر مرونة. عندما نواجه النكسات أو التحديات، يمكن أن يكون من السهل الاستسلام أو فقدان الحافز. لكن عندما نتذكر التأثير الذي نحاول إحداثه، فإنه يمنحنا القوة للاستمرار. ندرك أن هناك شيئًا أكبر من أنفسنا على المحك، وأن تصميمنا يمكن أن يحدث فرقًا حقيقيًا في حياة الآخرين. هذا الشعور بالغرض يعزز مرونتنا ويساعدنا على التنقل في الأوقات العصيبة.

بالطبع، التركيز على التأثير ليس دائمًا سهلاً. في عالم يكافئ غالبًا النجاح قصير المدى والمكاسب الشخصية، قد يبدو من المستحيل وضع احتياجات الآخرين فوق احتياجاتنا الخاصة. لكن كما سنرى في بقية هذا الفصل، هناك خطوات عملية يمكننا اتخاذها لدمج

التأثير في عملنا وحياتنا ـ وعندما نفعل ذلك، نبدأ في تحقيق مستوى جديد من الرضا والإنجاز.

في الصفحات التالية، سنستكشف بعض الاستراتيجيات العملية لتحديد تأثيرنا الفريد وربط عملنا بغرض أعمق. سنناقش أهمية التعاطف وخدمة الآخرين، وكيف يمكننا استخدام مواهبنا لإحداث تغيير إيجابي في العالم. سنسلط الضوء أيضًا على أمثلة للأفراد والمنظمات التي تجسد هذه المبادئ وتظهر لنا ما هو ممكن عندما نضع التأثير في صميم ما نقوم به.

لذا، سواء كنت تقود فريقًا أو تبني شركة أو تتطلع ببساطة لإيجاد المزيد من المعنى في حياتك المهنية، فإن التركيز على التأثير يمكن أن يكون بمثابة بوصلة قوية. إنه يذكرنا بأن عملنا هو أكثر من مجرد وظيفة أو مهنة ـ بل هو فرصة لترك العالم أفضل مما كان عليه. وفي النهاية، هذا هو أعظم إرث يمكننا تركه.

اكتشاف غرضك الفريد

في خطاب شهير ألقاه في جامعة ستانفورد عام 2005، شارك ستيف جوبز، المؤسس الشهير لشركة آبل، رؤيته حول أهمية العثور على عمل يمنحك شعوراً بالغرض. قال: "العمل سيملأ جزءاً كبيراً من حياتك، والطريقة الوحيدة لتحقيق الرضا الحقيقي هي أن تقوم بعمل تؤمن أنه عظيم. والطريقة الوحيدة للقيام بعمل عظيم هي أن تحب ما تفعله".

لكن كيف نجد هذا العمل الذي نحبه ـ العمل الذي يتماشى مع قيمنا ومواهبنا الفريدة، ويسمح لنا بإحداث تأثير إيجابي في العالم؟ إليك بعض الاستراتيجيات للمساعدة في توجيهك:

ابدأ بقيمك الجوهرية. قيمنا هي المبادئ التوجيهية التي تقود خياراتنا وأفعالنا. عندما يتماشى عملنا مع قيمنا الأساسية، نشعر بشعور أعمق بالصدق والرضا. خذ بعض الوقت للتفكير في القيم الأكثر أهمية بالنسبة لك. هل هي الإبداع؟ النزاهة؟ التعاطف؟ الابتكار؟ دوّن قائمة بالقيم الخمس الأولى لديك، وفكر في كيفية دمجها في عملك.

استخدم الكاتبة والمتحدثة الملهمة بريني براون نهجاً مفيداً تسميه "قائمة المهام المهمة". هي تقترح كتابة قائمتين جنباً إلى جنب: واحدة بالأشياء التي تقوم بها كل يوم في عملك، والأخرى بالأنشطة التي تمنحك شعوراً بالحيوية والإلهام. ثم ابحث عن نقاط التداخل ـ المناطق التي يمكنك فيها القيام بالمزيد مما يمنحك طاقة في وظيفتك اليومية. مع مرور الوقت، هدفك هو جعل القائمتين أكثر اتساقاً.

اطرح على نفسك أسئلة عميقة. إيجاد غرضنا يتطلب تأملاً ذاتياً عميقاً. إليك بعض الأسئلة القوية للتفكير فيها:

• ما هي المشكلات أو القضايا في العالم التي تهمني حقاً؟ كيف يمكنني المساهمة في حلها؟

• ما هي المواهب أو المهارات الفريدة التي أجلبها إلى الطاولة؟ كيف يمكنني استخدامها للتأثير الإيجابي؟

● عندما أحقق أهدافي، من الذي يستفيد بالإضافة إلى نفسي؟ كيف يتحسن العالم نتيجة لذلك؟

● في نهاية حياتي، ماذا أريد أن يتذكرني الناس عنه؟ ما هو الإرث الذي أريد تركه؟

يقول المؤلف والقائد الفكري سيمون سينك إن العثور على إجاباتنا الخاصة على السؤال "لماذا" ـ سبب وجودنا وما الذي نكافح من أجله ـ هو المفتاح لحياة مليئة بالمعنى والتأثير. يجادل بأنه عندما نبدأ بـ "لماذا" واضح، يصبح "ماذا" و "كيف" نفعله أكثر قوة

استمع إلى الآخرين، لكن في النهاية، اتبع حدسك الخاص. قد يكون طلب التوجيه من المرشدين والأصدقاء الموثوق بهم مفيداً بينما نكتشف غرضنا. لكن في النهاية، لا أحد يستطيع أن يخبرنا ما هو مسارنا الصحيح ـ يجب أن يأتي من داخلنا. كما يقول المؤلف الأكثر مبيعاً ديبا شوبرا: "أكثر الأشياء قوة هي أن تكون أميناً مع نفسك، ومع رؤيتك، ومع غرضك في الحياة. هناك قوة عظيمة في الأصالة".

اعلم أن غرضك سيتطور بمرور الوقت. إيجاد غرضنا ليس حدثاً لمرة واحدة، بل هو رحلة مدى الحياة. بينما نكبر ونتغير، فمن المرجح أن يتحول غرضنا أيضاً. تقول مؤلفة الأعمال والرئيسة السابقة لهيئة الإذاعة البريطانية كريستيان أمانبور: "عليك أن تكون منفتحاً على حقيقة أن الرحلة نفسها قد توجهك في اتجاه جديد. قد تكتشف شيئاً عن نفسك لم تكن تعرفه من قبل. وهذا جزء من الاستكشاف".

في نهاية المطاف، العثور على غرضنا هو عمل داخلي. إنه يتطلب الصدق العميق مع أنفسنا، والشجاعة للاستماع إلى الحكمة الداخلية، والرغبة في التطور باستمرار. ولكن عندما نتوصل إلى ذلك الفهم الأعمق لما يحركنا، فإننا نصبح مجهزين بشكل أفضل لتوجيه عملنا وحياتنا بطرق تنسجم مع أعمق قيمنا وتطلعاتنا.

قوة التعاطف والخدمة

في مقابلة مؤثرة، شارك الراحل مايا أنجيلو، الشاعر الحائز على جائزة والناشط في مجال الحقوق المدنية، بعض الحكمة العميقة حول أهمية الخدمة. قالت: "أعتقد أن الغرض من حياتنا هو أن نكون من يستخدم ما لدينا لخدمة الإنسانية. هذا ما يعنيه وجودنا على هذا الكوكب".

كلماتها تلمس حقيقة قوية: عندما نركز طاقاتنا على خدمة الآخرين وتحسين حياتهم، فإننا لا نخلق تأثيرًا إيجابيًا فحسب، بل نجد أيضًا شعورًا أعمق بالرضا والمعنى. نتحول من التركيز الضيق على نجاحنا الخاص إلى منظور أوسع ـ كيف يمكننا استخدام مواهبنا ومواردنا لجعل العالم مكانًا أفضل.

لكن الخدمة الحقيقية تتطلب أكثر من مجرد نوايا حسنة ـ إنها تتطلب تعاطفًا عميقًا. التعاطف، أو القدرة على فهم وتقدير مشاعر وتجارب شخص آخر، هو الأساس الذي تُبنى عليه الخدمة الهادفة. عندما نتعاطف حقًا مع الآخرين، فإننا نتجاوز افتراضاتنا وأحكامنا المسبقة، ونرى العالم من منظورهم. هذا الفهم يسمح لنا بتلبية احتياجاتهم بشكل أفضل وإيجاد حلول مبتكرة للتحديات التي يواجهونها.

كيف يمكننا تطوير مهارة التعاطف وتطبيقها في عملنا؟ إليك بعض الاستراتيجيات: استمع بنشاط وبعمق. التعاطف يبدأ بالاستماع ـ ليس فقط للكلمات التي يقولها الناس، ولكن للمشاعر والاحتياجات الكامنة وراءها. عندما تتحدث مع الآخرين، امنح انتباهك الكامل. اطرح أسئلة لفهم تجاربهم بشكل أفضل. لاحظ لغة الجسد والإيماءات غير اللفظية. كلما استمعت بعمق أكبر، كلما كنت أكثر قدرة على التعاطف بشكل حقيقي.

كن فضولياً حول وجهات نظر الآخرين. غالبًا ما نفترض أننا نفهم دوافع الآخرين أو احتياجاتهم، بناءً على تجاربنا الخاصة. لكن التعاطف يتطلب منا تعليق هذه الافتراضات والانفتاح على منظورات جديدة. عندما تجد نفسك تحكم على شخص أو موقف ما، توقف واسأل نفسك: "ماذا لو كان هناك شيء لا أفهمه؟ ماذا يمكنني أن أتعلم إذا نظرت إلى هذا من زاوية مختلفة؟" هذا الفضول يمكن أن يفتح الباب لتعاطف أعمق.

ابحث عن نقاط مشتركة. التعاطف ينمو عندما ندرك اتصالنا المشترك مع الآخرين. حتى عندما يبدو أن الناس مختلفين عنا، هناك دائمًا شيء مشترك ـ سواء كانت القيم الأساسية، أو التجارب الحياتية، أو الآمال والمخاوف العالمية. عندما تتفاعل مع شخص ما، ابحث عن هذه الخيوط المشتركة التي تربطكما. سيساعدك هذا الشعور بالترابط على رؤية إنسانيتهم وتقديرها بشكل أكمل.

كلما اقتربت من الآخرين بتعاطف وانفتاح، كلما كنت أكثر قدرة على فهم الكيفية التي يمكن أن تخدمهم بها عملك بشكل فعال. قد تلاحظ احتياجات غير ملباة لم تفكر فيها من قبل، أو اكتشف فرصًا للتعاون لم تكن واضحة في السابق. قد تجد طرقًا لتخصيص منتجك أو خدمتك لتلبية متطلبات معينة، أو تطوير مبادرات جديدة تعالج مشكلة عميقة الجذور.

لنفكر في مثال الراحل أنيتا رودك،

لقد بدأت روديك مسيرتها بدافع الرغبة في إنشاء شThe body shop مؤسسة شركة تجميل أخلاقية ومستدامة. لكن ما دفعها حقًا كان تعاطفها العميق مع الأشخاص والمجتمعات في جميع أنحاء العالم. من خلال العمل عن كثب مع المزارعين والحرفيين في البلدان النامية، وصلت إلى فهم أعمق للتحديات التي يواجهونها ـ وأدركت أنها يمكن أن تستخدم أعمالها لمعالجة قضايا مثل الفقر وإزالة الغابات. تحت قيادتها، رائدة في التجارة العادلة والمصادر الأخلاقية، وأحدثت تأثيرًا كبيرًا على حياة الكثيرين.

هذا هو الجوهر الحقيقي للخدمة القائمة على التعاطف ـ استخدام مواهبنا وموارد أعمالنا لتلبية احتياجات حقيقية وإحداث تغيير دائم. كلما زاد تعاطفنا مع الآخرين، أصبحنا أكثر قدرة على إطلاق العنان للقوة التحويلية لعملنا. نبدأ في ابتكار حلول أكثر إبداعًا، وبناء جسور التفاهم، وخلق قيمة تتجاوز بكثير أهدافنا الخاصة.

ولكن التأثير الحقيقي لا يتعلق فقط بما نفعله ـ بل يتعلق أيضًا بمن نصبح في هذه العملية. من خلال وضع خدمة الآخرين في صميم عملنا، نبدأ في النمو بطرق لا حصر لها. نطور المزيد من الوعي الذاتي والتواضع والمرونة. نتعلم كيف نتواصل بشكل أكثر فاعلية، ونبني شراكات أقوى، ونلهم الآخرين برؤيتنا. ببطء ولكن بثبات، نتحول إلى نسخة أكثر شمولاً وتعاطفًا وغرضًا من أنفسنا.

في النهاية، إن التركيز على إحداث فرق من خلال عملنا هو رحلة مستمرة مدى الحياة. لن نحصل عليه دائمًا بشكل صحيح، وسنواجه بالتأكيد تحديات وعقبات على طول الطريق. لكن طالما بقينا ملتزمين بالتعاطف والخدمة الصادقة، فإننا سنجد دائمًا فرصًا لاستخدام عملنا كقوة من أجل الخير. ومن خلال القيام بذلك، نساعد ليس فقط في رفع أولئك من حولنا ـ ولكننا نرفع أيضًا أنفسنا إلى معيار أعلى.

الأمثلة الملهمة للتأثير في العمل

شركة الملابس Patagonia أحد أكثر الأمثلة وضوحاً على الشركة المدفوعة بالتأثير هي والمعدات في الهواء الطلق. منذ تأسيسها، جعلت من مهمتها استخدام أعمالها كقوة من أجل الخير البيئي. من التزامها بالمواد المستدامة، إلى برنامجها الخيري الذي يتبرع بنسبة 1٪ من مبيعاتها للأسباب البيئية، إلى حملاتها للدعوة إلى العمل المناخي ــ تُظهر باستمرار أن الهدف والربح يمكن أن يسيرا جنبًا إلى جنب. وكما يقول مؤسسها، إيفون شوينارد: "الأعمال التجارية هي أفضل وسيلة لدينا لإنقاذ كوكبنا... لدينا الموارد، ولدينا المعرفة، ولدينا المال. الشيء الوحيد الذي ينقصنا هو الإرادة".

Warbyparker مثال آخر قوي

وهي شركة نظارات مبتكرة. منذ تأسيسها، كان جزءًا من مهمتها معالجة مشكلة الوصول إلى الرعاية البصرية في البلدان النامية. من خلال برنامج "شراء زوج، منح زوج"، تتبرع بزوج من النظارات إلى شخص محتاج مقابل كل زوج يتم شراؤه. إنهم يدعمون أيضًا تدريب متخصصي الرعاية البصرية في المجتمعات ذات الدخل المنخفض. بالنسبة إلى المؤسسين المشاركين، نيل بلومنثال وديف جيلبوا، فإن الجمع بين الهدف والربح هو ما يهم. كما يقول بلومنثال: "نعتقد حقًا أن الشركات يمكن أن تكون أداة للتغيير الاجتماعي وأنه يمكنك القيام بالأشياء الصحيحة وأن تكون ناجحًا تجاريًا".

ومع ذلك، لا يقتصر التأثير المدفوع بالغرض على عالم الشركات الناشئة. حتى الشركات الكبيرة والراسخة تظهر لنا أن التغيير ممكن. مثال على ذلك هو شركة يونيليفر متعددة الجنسيات للسلع الاستهلاكية. تحت قيادة الرئيس التنفيذي السابق بول بولمان، تحولت من التركيز على المكاسب قصيرة الأجل إلى نموذج طويل الأجل يعطي الأولوية للاستدامة والتأثير الاجتماعي. تم وضع "خطة الحياة المستدامة" الخاصة بهم، والتي تضع أهدافًا طموحة مثل مساعدة أكثر من مليار شخص على تحسين صحتهم ورفاهيتهم، وخفض الأثر البيئي للشركة إلى النصف. وقد أثبتت جهودهم أن المبادئ والأرباح يمكن أن تتناسب: في ظل قيادة، تفوقت باستمرار على منافسيها من حيث النمو.

لكن التأثير لا يقتصر على قادة الأعمال فقط ــ يمكن لأي شخص، في أي دور، أن يجد طرقًا لخلق التغيير. فكر في قصة محمد الأشقر، وهو مهندس برامج عمل في اي بي م عندما زار الأشقر مسقط رأسه في باكستان بعد سنوات من الغياب، صُدم من انعدام الأمن الغذائي الذي شهده هناك. بدلاً من الشعور بالإحباط، تحرك للعمل. بالشراكة مع البنك الإسلامي للتنمية، ساعد في تأسيس برنامج لزيادة غلة المحاصيل والدخل للمزارعين الفقراء، باستخدام بيانات الأقمار الصناعية وتقنيات الذكاء الاصطناعي. ما بدأ كمشروع جانبي أصبح منذ ذلك الحين مبادرة عالمية، مع إمكانية تحسين حياة ملايين الأشخاص. كما يقول الأشقر: "لا يجب أبدًا الاستخفاف بقوة فكرة واحدة، وشخص واحد مصمم".

وبالطبع، لا يمكننا مناقشة التأثير الهادف دون ذكر العمل اللافت لجين غودال، عالمة الأنثروبولوجيا الشهيرة وناشطة الحفاظ على البيئة. على مدى عقود من الزمان، كرست غودال حياتها لدراسة الشمبانزي وحماية موائلها الطبيعية المهددة. لكن عملها تجاوز مجرد

البحث العلمي ـ لقد استخدمت بلا كلل منصتها لزيادة الوعي بالقضايا البيئية، وحشد الدعم للحفاظ على الحياة البرية، وإلهام الأجيال القادمة من صانعي التغيير. من خلال معهد جين غودال وبرامجها التعليمية، أطلقت العنان للقوة الجماعية للأفراد العاديين لإحداث فرق استثنائي. وكما تقول: "ما يحتاجه شبابنا الآن هو الأمل. لا يهم مدى ضآلة ما تقوم به، المهم أن تفعل شيئًا".

هؤلاء ليسوا سوى عدد قليل من الأمثلة العديدة للأشخاص والمنظمات التي تعطي الأولوية للتأثير الإيجابي ـ وتُظهر لنا ما هو ممكن عندما نفعل ذلك. سواء كانوا يقودون شركات عملاقة متعددة الجنسيات أو يطلقون مشاريع فردية، فإن هؤلاء صانعي التغيير يجسدون قوة العمل المدفوع بالغرض. إنهم يذكروننا بأن كل واحد منا، بغض النظر عن دورنا أو صناعتنا، لديه الفرصة لاستخدام عملنا كقوة من أجل الخير. من خلال المواءمة بين مواهبنا وقيمنا والاحتياجات الملحة في العالم، يمكننا جميعًا إيجاد طريقنا الخاص لترك بصمة دائمة.

بالطبع، قد تبدو مهمة إحداث تأثير حقيقي شاقة في بعض الأحيان. في مواجهة التحديات المعقدة والضخمة في عالمنا، قد نتساءل عما إذا كان بإمكاننا حقًا إحداث فرق. لكن كما تُظهر لنا هذه الأمثلة، فإن التغيير يبدأ دائمًا بشخص واحد ـ شخص لديه الشجاعة ليحلم، والمثابرة للمتابعة، والإيمان بأن أفعاله يمكن أن يكون لها تأثير متتالي.

في النهاية، هذا هو جوهر الأمر عندما يتعلق الأمر بالعيش والعمل بغرض. إنه يتعلق بالانضمام إلى شيء أكبر من أنفسنا ـ واستخدام هداياتنا الفريدة لجعل العالم مكانًا أفضل، ولو قليلاً. عندما نجعل هذه الدعوة محور تركيزنا المركزي، ليس فقط نحن من نفتح إمكانيات مذهلة للتأثير، ولكننا نجد أيضًا طريقًا أكثر وضوحًا نحو الغرض والرضا

جعل التأثير هو الهدف الأسمى
على مدار هذا الفصل، استكشفنا أهمية التركيز على التأثير في عملنا وحياتنا. رأينا كيف أن ربط جهودنا بشيء أكبر من أنفسنا يمكن أن يمنحنا شعورًا أعمق بالمعنى والغرض، ويقودنا إلى اتخاذ قرارات أكثر حكمة، وبناء علاقات أقوى، والحفاظ على المرونة في مواجهة التحديات.

تعلمنا أن العثور على تأثيرنا الفريد يبدأ بالتواصل مع قيمنا الأساسية ومواهبنا وتطلعاتنا. من خلال التفكير العميق في الأسئلة الكبيرة ـ من نحن، وماذا نقف من أجله، وكيف نريد أن نساهم ـ نبدأ في بلورة رؤية أوضح لكيفية جعل عملنا ذا مغزى. ومع استمرار تطور هذه الرؤية، فإنها توفر لنا بوصلة داخلية، موجهة خياراتنا وأفعالنا نحو ما يهم حقًا.

لكن التأثير الحقيقي لا يتعلق فقط بما نفعله ـ إنه يتعلق أيضًا بالطريقة التي نفعل بها ذلك. كما رأينا، فإن التعاطف والخدمة هما حجر الزاوية في العمل الهادف. عندما نقترب من عملنا بنية حقيقية لفهم الآخرين ورفعهم، فإننا نفتح إمكانيات لا حصر لها للتغيير الإيجابي. نبدأ في رؤية الفرص لمعالجة الاحتياجات غير الملباة، وتقديم حلول مبتكرة، وإحداث فرق ملموس في حياة أولئك الذين نخدمهم. وفي هذه العملية، لا نرتقي فقط بأولئك من حولنا ـ بل نرتقي أيضًا بأفضل ما فينا.

بالطبع، الطريق إلى التأثير الهادف ليس دائمًا سهلاً أو واضحًا. كما أظهرت لنا الأمثلة التي غطيناها، فإن تحقيق رؤية كبيرة يتطلب المثابرة، والإبداع، والالتزام المطلق في مواجهة العقبات. سيكون هناك انتكاسات وتحديات على طول الطريق، وأوقات عندما نتساءل عما إذا كانت جهودنا تحدث فرقًا. لكن هذه هي اللحظات التي يتعين علينا فيها التمسك برؤيتنا وقيمنا ـ والثقة بأن الأفعال الصغيرة، مع مرور الوقت، يمكن أن تتراكم في تأثير هائل.

في النهاية، جعل التأثير محور تركيزنا الأساسي ليس خيارًا يتخذ مرة واحدة ـ إنه ممارسة يومية. إنه يتطلب منا أن نكون متعمدين ويقظين باستمرار في خياراتنا، وأن نتساءل باستمرار عن كيفية مواءمة أفعالنا مع قيمنا وغرضنا الأعمق. إنه يتطلب منا البقاء منفتحين ومتعاطفين، والاستماع بعناية إلى احتياجات ووجهات نظر أولئك الذين نسعى إلى خدمتهم. وهذا يتطلب منا الشجاعة لنقف من أجل ما نؤمن به، حتى عندما يكون ذلك صعبًا، والمرونة للتكيف ومواصلة التقدم في مواجهة التحديات.

لذلك، عزيزي القارئ، إليك التحدي الذي أطرحه عليك: ابدأ بإدخال الهدف في عملك، ابتداءً من اليوم. خذ بعض الوقت للتفكير في تأثيرك الفريد ـ القيم والمواهب التي تجلبها، والمساهمة التي تريد تقديمها. فكر في الاحتياجات أو القضايا التي تثير اهتمامك بشكل خاص، وابدأ في التفكير في الطرق التي يمكنك من خلالها استخدام مهاراتك لمعالجتها. قد يعني ذلك التطوع في مشروع في عملك، أو البدء في جهد جانبي، أو حتى فقط تغيير الطريقة التي تتفاعل بها مع زملائك. أيا كان، خذ خطوة صغيرة للأمام وشاهد ما يتكشف.

تذكر، إن رحلة العيش والعمل بغرض هي رحلة مدى الحياة. كل يوم يجلب فرصًا جديدة للتعلم، والنمو، وترك بصمتنا الإيجابية على العالم من حولنا. سواء كنا نقود شركة عالمية، أو نطور مشروعًا محليًا، أو نؤدي ببساطة عملنا اليومي بنزاهة وتعاطف، لدينا جميعًا القدرة على إحداث فرق. السؤال هو : ما نوع الفرق الذي ستختار إحداثه؟

مهما كانت إجابتك، فهي تبدأ باختيار واحد بسيط ــ وهو الاختيار الذي تتخذه في هذه اللحظة، وفي كل لحظة. الاختيار لتوجيه موهبتك وطاقتك نحو شيء أكبر من نفسك. الاختيار لرؤية عملك ليس فقط كمهنة، ولكن كدعوة. والاختيار لاعتقاد أنك، من خلال الإجراءات الصغيرة للخدمة والشجاعة والتصميم، لديك القوة لتشكيل مستقبل أكثر إشراقًا لنا جميعًا.

هذه هي دعوتك لجعل التأثير هو نجمك الشمالي ــ المبدأ التوجيهي الذي يلهم خياراتك، ويوجه أفعالك، ويمنحك القوة للمواجهة حتى في أحلك الأوقات. بينما تخرج إلى العالم وتجعل علامتك الخاصة، تذكر دائمًا أنك جزء من شيء أكبر بكثير من نفسك. من خلال العيش بغرض، فإنك تنضم إلى مجتمع عالمي من صناع التغيير ــ أولئك الذين يعملون بلا كلل لرفع الآخرين، وإصلاح الأنظمة المعطلة، وخلق عالم أكثر عدلاً وازدهارًا للجميع.

ربما لا نرى دائمًا نتائج جهودنا على الفور، لكن علينا أن نثق في أنها تهم. كما قالت أم تيريزا ذات مرة: "ما نقوم به ليس سوى قطرة في المحيط. لكن لولا تلك القطرة، لكان المحيط ينقصها شيء ما." لذا اجعل كل يوم فرصة لإضافة قطرتك الفريدة ــ ولو كانت صغيرة. لأنه مع كل عمل من أعمال الشجاعة، والتعاطف، والالتزام، فإنك لا تساعد فقط في صنع المزيد من التأثير اليوم، ولكنك تبني أيضًا الزخم من أجل عالم الغد.

في النهاية، هذا هو الوعد والإمكانية للعمل والعيش بهدف ــ إطلاق سلسلة لا نهاية لها من التأثير الإيجابي، من شخص واحد إلى آخر، ومن جيل إلى آخر. إنها قوة لا يمكن إيقافها، وقوة موجودة داخل كل واحد منا. السؤال الوحيد هو كيف ستختار إطلاق العنان لها. كيف ستختار أن تحدث فرقًا؟ وأي نوع من الأثر ستترك على العالم؟

لقد حان الوقت لنا جميعًا أن نرتقي إلى هذا التحدي. حان الوقت بالنسبة لنا جميعًا لنجعل التأثير هو هدفنا الأسمى ــ في عملنا، وفي حياتنا، وفي كل اختيار نتخذه. لأنه بهذه الطريقة، وبهذه الطريقة فقط، يمكننا بناء المستقبل الذي نتوق إليه ــ عالم حيث يمكن لجميع البشر الازدهار، والمساهمة بمواهبهم الخاصة، والانضمام إلى النضال الجماعي لخلق المزيد من الخير.

هذه هي الدعوة، وهذا هو التحدي، وهذا هو الوعد للعيش والعمل بغرض. دعونا نتبناها ــ بكل شغف، وعزم، وإيمان داخل قلوبنا.

تصبح مهندس مصيرك

على مدار صفحات هذا الكتاب، استكشفنا ما يعنيه حقًا أن تصنع حظك في الحياة. لقد تعلمنا أن صنع الحظ لا يتعلق بالصدفة أو الحظ أو الظروف المواتية، بل يتعلق باتخاذ إجراءات متعمدة وجريئة لخلق الحياة التي نتوق إليها.

بدأنا باستكشاف أهمية تبني عقلية النمو ـ الاعتقاد بأن قدراتنا ليست ثابتة، ولكن يمكن تطويرها من خلال الجهد والمثابرة. رأينا كيف يمكن لهذه العقلية أن تحولنا من كوننا ضحايا سلبيين للظروف إلى وكلاء نشطين لنمونا الخاص، وتمكيننا من تجاوز العقبات والوصول إلى إمكاناتنا الكاملة.

من هناك، انتقلنا إلى مناقشة التكيف في عالم سريع التغير. تعلمنا مهارات مثل المرونة الفكرية، والمرونة العاطفية، والتكيف السريع، والتي تسمح لنا بالتنقل في أوقات عدم اليقين والتغلب على التحديات غير المتوقعة. رأينا كيف يمكن للتغيير، بدلاً من كونه شيئًا يخشى منه، أن يصبح فرصة للنمو والابتكار.

بعد ذلك، استكشفنا الدور الحاسم للشبكات في مسيرة صنع الحظ. أدركنا أن النجاح نادرًا ما يتحقق بمفردنا، وأن بناء علاقات قوية ومتنوعة هو أحد أهم الاستثمارات التي يمكننا القيام بها. سواء كنا نتواصل مع الآخرين لطلب المشورة، أو نتعاون في المشاريع، أو ببساطة نقدم دعمًا متبادلاً، فإن شبكاتنا هي التي تمكّننا من توسيع نطاق تأثيرنا وتحقيق أهداف أكبر مما يمكننا تحقيقه بمفردنا.

لا يمكننا التحدث عن صنع الحظ دون مناقشة المثابرة ـ تلك الجودة التي تبقينا مستمرين في مواجهة العقبات والنكسات. تعلمنا التمييز بين المثابرة الحكيمة والعناد الأعمى، وكيف يمكن للمرونة والتكيف أن يساعدانا في الحفاظ على الزخم حتى في أصعب الأوقات. رأينا كيف يعد الفشل، إذا نظرنا إليه من منظور صحيح، معلمًا قويًا ـ يوفر لنا الفرص لاستخلاص الدروس القيمة وتحسين نهجنا.

انتقلنا بعد ذلك إلى مناقشة فن تصميم الحياة ـ الممارسة المتعمدة لبناء حياة تتماشى مع قيمنا وتطلعاتنا العميقة. استكشفنا كيف يمكن أن يساعدنا وضع رؤية واضحة، وتحديد الأهداف الهادفة، ووضع خطة عمل، في تولي زمام الأمور في مصيرنا وخلق مسار فريد يمنحنا الشعور بالرضا والإنجاز. وتذكرنا أيضًا أن تصميم الحياة رحلة مدى الحياة ـ عملية تتطلب منا البقاء مرنين، ومنفتحين على التغيير، والالتزام بالنمو المستمر.

ناقشنا أيضًا أهمية الاستفادة من الفشل كوقود للنجاح. من خلال دراسة أمثلة الأفراد الذين تغلبوا على نكسات هائلة وحققوا أشياء استثنائية، تعلمنا أن الإخفاقات، عندما يُنظر إليها من منظور عقلية النمو، يمكن أن تكون بعض أعظم فرص النمو والتحول لدينا. ورأينا كيف أن التعامل مع التحديات بروح المرونة والتعلم المستمر يمكن أن يجعلنا أقوى وأكثر قدرة على الصمود.

وأخيرًا، استكشفنا مفهوم العيش والعمل بغرض ـ وجعل التأثير الإيجابي المحور المركزي لجهودنا. أدركنا أنه عندما نربط عملنا بشيء أكبر من أنفسنا، فإننا لا نجد فقط معنى أعمق وإحساسًا بالرضا، بل نحقق أيضًا إمكانات هائلة للتغيير الاجتماعي. من خلال

فن صناعة الحظ : كيف تخلق فرصك الخاصه وتحقق النجاح في عالم متغير

أمثلة القادة والمنظمات التي تجسد هذه المبادئ، رأينا القوة التحويلية للعمل المدفوع بقيم التعاطف والخدمة والمساهمة في الصالح العام.

في جوهرها، كانت رحلتنا في صنع الحظ استكشافًا لما يعنيه أن نعيش بشكل استباقي وبقصد. لقد تعلمنا أن نرى أنفسنا ليس كضحايا للظروف، ولكن كمبدعين نشطين لواقعنا. من خلال تبني عقلية النمو، وتعلم التكيف مع التغيير، وبناء شبكات داعمة، وتجسيد روح المثابرة، ووضع خطة هادفة، والتعلم من إخفاقاتنا، وجعل التأثير الإيجابي مركز اهتمامنا ـ نمتلك القوة لتشكيل حياتنا وعالمنا بطرق عميقة.

بالطبع، رحلة صنع الحظ ليست دائمًا سهلة. إنها تتطلب شجاعة للخروج من مناطق الراحة لدينا، والمرونة في مواجهة المجهول، والالتزام بالنمو حتى عندما يكون الأمر صعبًا. سنواجه بالتأكيد تحديات وعقبات على طول الطريق، وستكون هناك أوقات نشك فيها في أنفسنا وفي اتجاهنا.

لكن هذه هي اللحظات التي يجب أن نتذكر فيها دروس هذا الكتاب. يجب أن نتذكر أن لدينا القدرة على التعلم والتكيف والنمو، مهما كانت الظروف. علينا أن نتذكر أننا لسنا وحدنا، وأن شبكاتنا يمكن أن توفر القوة والدعم عندما نحتاجها أكثر. يجب أن نتذكر أن كل تحد يحمل معه بذور فرصة، وأن فشلنا غالبًا ما يكون أعظم معلمينا. وقبل كل شيء، يجب أن نتذكر أن حياتنا هي في النهاية ما نصنعه ـ وأن كل خيار نتخذه يشكل الإرث الذي نتركه.

هذا هو المعنى الحقيقي لصنع الحظ. إنه ليس مجرد تحقيق النجاح أو تحقيق أهدافنا، على الرغم من أن هذه بالتأكيد جزء مهم من ذلك. في جوهرها، صناعة الحظ تتعلق بأن تصبح أفضل نسخة من أنفسنا ـ لنمو، ونتطور، ونساهم بأكبر قدر ممكن في هذا العالم. إنه يتعلق بالعيش بوعي وبهدف، وترك الأشياء أفضل مما وجدناها عليه.

لذلك، عزيزي القارئ، أدعوك للخروج إلى العالم وصنع حظك الخاص. استغل الدروس والرؤى من هذا الكتاب، واجعلها خاصة بك. جرب الأدوات والاستراتيجيات، واعمل على تطوير عاداتك وممارساتك الخاصة لحياة أكثر قصدية. ابق فضوليًا، ومنفتحًا، ومتحمسًا للإمكانيات اللانهائية للنمو.

وتذكر، صنع الحظ ليس وجهة ـ إنها طريقة حياة. إنها ممارسة يومية للاختيار الواعي، والعمل الشجاع، والإيمان المستمر بقدرتنا على إحداث فرق. كل يوم يجلب فرصًا جديدة للتعلم، والمساهمة، وإطلاق العنان لأفضل ما لدينا.

في النهاية، الهدية الحقيقية لصنع الحظ ليست ما نحققه، ولكن من نصبح في هذه العملية. من خلال تحدي أنفسنا للنمو باستمرار، وخدمة الآخرين، والعيش وفقًا لأعمق قيمنا، فإننا نطور الوعي الذاتي، والتعاطف، والمرونة، والحكمة. نتعلم رؤية الحياة ليس كسلسلة من الأحداث العشوائية، ولكن كقماش نسجناه عن طريق خياراتنا وأفعالنا وردود أفعالنا. نصبح، بمعنى ما، مهندسين لمصيرنا ـ ليس لأننا نستطيع التحكم في كل ظرف، ولكن لأننا نطور القدرة على الاستجابة بطرق هادفة ومقصودة.

هذا هو الوعد ودعوة صنع الحظ. إنه تحدٍ للارتقاء، وتوسيع حدودنا، والمساهمة بشيء أكبر من أنفسنا. إنها فرصة لنترك بصمة دائمة ـ ليس فقط من خلال ما ننجزه، ولكن من خلال نوع الأشخاص الذين نختار أن نكونهم.

لذا ها هو سؤالي لك: ما نوع الشخص الذي تختار أن تكونه؟ ما نوع الحياة التي تريد أن تصنعها؟ وما هو نوع الفارق الذي تريد أن تحدثه في هذا العالم؟

مهما كانت إجابتك، تذكر أن القوة بين يديك. مع كل اختيار تقوم به، وكل إجراء تتخذه، وكل تحد تواجهه ـ أنت تنسج قصة حياتك. قصة مليئة بالمعنى، والغرض، والإمكانيات اللانهائية.

الآن حان دورك لتجعل هذه القصة رائعة. لذا اخرج إلى العالم بقلب شجاع وعقل متفتح. تبنى الدروس من هذا الكتاب، لكن لا تخف من صنع طريقك الخاص. ثق في قدراتك، وقم ببناء شبكات قوية، وكن مثابرًا في مواجهة التحديات. تعلم من إخفاقاتك، وابق مركزًا على التأثير الإيجابي الذي ترغب في إحداثه.

وقبل كل شيء، ثق في أن لديك القوة داخلك لتصنع حظك الخاص. مع كل خطوة تخطوها، أنت تقترب أكثر من إطلاق العنان لأعظم إمكاناتك ـ وخلق حياة مليئة بالمغزى، والغرض، والمساهمة في شيء أكبر من نفسك.

هذه هي دعوتك. هذا هو التحدي. وهذا هو الوعد المثير لك.

الخاتمة